21世纪财税理论与实务丛书

港澳台税制

TAX SYSTEMS OF HONGKONG, MACAO, TAIWAN

於鼎丞　主编

暨南大學出版社
JINAN UNIVERSITY PRESS
中国·广州

图书在版编目（CIP）数据

港澳台税制／於鼎丞主编．—广州：暨南大学出版社，2009.8
（21世纪财税理论与实务丛书）
ISBN 978-7-81135-211-5

Ⅰ．港…　Ⅱ．於…　Ⅲ．①税收制度—概况—香港②税收制度—概况—澳门③税收制度—概况—台湾省　Ⅳ．F812.765.804.22　F812.765.904.22

中国版本图书馆CIP数据核字（2009）第033321号

出版发行：暨南大学出版社

地　址：中国广州暨南大学
电　话：总编室（8620）85221601
营销部（8620）85225284　85228291　85220693（邮购）
传　真：（8620）85221583（办公室）　85223774（营销部）
邮　编：510630
网　址：http：//www.jnupress.com　http：//press.jnu.edu.cn

排　版：广州市天河星辰文化发展部照排中心
印　刷：湛江南华印务有限公司

开　本：787mm×1092mm　1/16
印　张：16.75
字　数：280千
版　次：2009年8月第1版
印　次：2009年8月第1次

定　价：32.00元

前　言

2001年，为了满足校内教学的需要，我们编写出版了《港澳台税制》一书，受到了校内及社会上不少读者的欢迎与好评。一些读者建议按照变化了的情况，继续编写新的《港澳台税制》。为此，我们根据截至2008年底的有关文件资料，对《港澳台税制》进行了修订。

在本书的编写中，我们组织了海峡两岸四地熟悉当地税收制度并热心写作的人士参加。因为这几年来，暨南大学在港澳台地区招收了一批财税研究生，所以本书的编写者大部分是港澳台地区的博士、硕士生。在编写过程中，我们始终要求本书的编写者做到：一是采用的资料准确可靠；二是语言通俗易懂；三是内容全面，便于实际应用。本书的体例分为香港税收制度、澳门税收制度、台湾税收制度三大编，在每大编中又以各地的税种为章，以便查找与学习。因为人员的变动，税制的变化，所以在本书中我们讨论修改的部分较大，以便于编出更好的书。

本书由暨南大学於鼎丞教授主编，参加本书编写和提供资料的人士有：

香港地区：陈永炬、陈凯珊、邓兰金、蒙志伟、廖燕容、成燕枫、郭加杰、霍楚云、陈茂威。

澳门地区：罗思亮。

台湾地区：陈兆伸、范扬律、吴耀宗、蔡胡明兰、蔡聪慧、甘鸿英、李仲亮、刘炳申。

暨南大学：廖家勤副教授、高艳荣教授、杨升平副教授、程丹副教授。

由于编写《港澳台税制》工程量较大，参编人员较多，所以尽管我们都想把此书写好，但成书后仍然难免存在缺陷与遗憾，故敬请各位读者不吝指正，以努力将此书编写得更好。

编　者

2009年6月

目 录

第二编　澳门税制

第三编 台湾税制

第一编　香港税制

第一章　香港税制概述

香港（包括香港岛、九龙、新界地区）位于亚洲大陆的东南边缘，是南中国海上的出海口。回归以前的香港，财政、税收政策长期受英国殖民地规则的指导和限制。香港现行的税制是由1947年制定的《税务条例》经过不断修订发展起来的。为适应香港“投资者乐园”的自由市场经济，香港税制一贯坚持税种少、税率低的特点。1997年7月1日，香港回归祖国，其税制在“一国两制”方针的指导下日臻完善，有效地推动了香港经济的发展。

通过本章读者可以了解：香港税制的沿革和发展、香港税制的结构和特点以及香港的税务管理等。

第一节　香港税制的沿革和发展

一、香港税制的沿革与发展

任何制度的形成和发展，都离不开历史原因，香港税制也不例外。香港税制的形成和发展大体经历了以下几个阶段：

（1）1841年，由于清朝政府的腐败，英国侵占了香港，建立起殖民统治制度。香港地域狭小，自然资源缺乏，为保障英国在香港的殖民利益，吸引商人和资金，把香港建成远东的贸易中心，英国在香港实行自由港政策，允许商品自由进出，免收关税。

（2）二战以前，香港的税种很少，只开征警捐（现改称差饷）、印花税、牌照税等几种间接税；二战中，为战时所需，在保持原有税项的基础上，又新增了物业税、薪俸税、利得税和利息税等直接税。

（3）1947年，香港制定了一部重要的税收法规——《税务条例》，设立了各项入息税项。《税务条例》所体现的治税精神，深受英国“重稳定税入、轻经济调节”的传统税收原则的影响，所规范的税收制度，系来源于“英联邦税收一揽子方案”，规定的税种、税率等也借鉴了英国税法采用的征税模式，整体上体现了税负轻、税种少、直接税为主的特点。《税务条例》所规定的征税方法，基本上采用了1803年英国税法所实行的征税模式。由于《税务条例》以英国殖民地制定的税制为基础，近年来，许多英联邦国家虽然对它们的税制作了较大的修改，但最初制定税制的依据却是同一个蓝本。因此香港《税务条例》和英国、澳大利亚、南非现行税务法令的用语是类似的，甚至在某些地方完全相同，香港的《税务条例》的释义在一定程度上依赖于这些国家的判决。

（4）现行的香港税制由香港《税务条例》及其附例和税务规则构成，是由1947年《税务条例》逐步修正和发展起来的。《税务条例》颁布至今，已有50多年的历史。在这50多年中，香港的经济发生了巨大转变，从典型的转口贸易商埠转变为出口制造业城市，进而又成为国际上一个重要的贸易金融中心。随着经济模式的不断变型，经济活动所依循的商业惯例也不断改变，因此税务条例也随着商业惯例的变动进行了多项调整。但它始终以有利于吸引外资、促进本港经济贸易的发展为指导思想，使税制能够继续符合税率低、税制简单、具有税收能力、最少干扰经济的要求。

（5）1997年7月1日香港回归祖国，按照《中华人民共和国香港特别行政区基本法》的规定，为保持香港特别行政区的稳定和繁荣，香港实行包括税收政策制度在内的有关法律、经济、对外交往等方面的高度自治，享有行政管理权、立法权、独立的司法权和终审权。在财政税收政策方面，基本法规定，香港特别行政区保持财政独立，香港特别行政区的财政收入全部用于自身需要，不上缴中央政府；中央人民政府不在香港特别行政区征税。也就是说，香港特别行政区实行独立的税收制度，不需执行内地的税收政策，自行立法，规定税种、税率减免优惠以及其他税务事项。在对外贸易和关税设置上，香港特别行政区仍然为单独的关税地区，保持自由港地位，除法律另有规定外，不征收关税，香港特别行政区可完全享用现在取得或以前取得仍继续有效的出口配额、关税优惠及其他税收安排。在香港进行投资、贸易的内地居民应遵守香港特别行政区税法，在税收问题上，必须执行香港特别行政区的有关税收法律、法规，并享受公平的税收待遇。

二、香港税务局

在香港税务局中，税务局长负有执行税务条例的职责。在局长之下设副局长 1 名及助理局长 5 名，评税主任和各级人员也不少，在税务局的供职人员总计超过 3 500 人。虽然税务条例规定，税务局长可授权其他主任代其行使若干法定职务，但在某些情况下，税务局长须亲自执行职务，不得授权其他人代行。例如，任何人士如作不正确的申报，而无合理解释，须缴纳补加税罚款时，其数额只能由局长或副局长亲自评定。

虽然税务局长是根据法例执行税务条例，但只要他认为情况有利，就可采用既定法例外的惯例的施行办法和特权。为表明税务局的立场和有关惯例，税务局长发出了一系列《香港税务条例释义与实施守则》。但这些规则并无法律上的约束力，只是为纳税人提供资料和指南，纳税人可就规则内的释义和惯例提出反对和上诉。此外，税务局长每年发表一份税务年报，详载该局在过去一年的工作概要。

香港税务局的组织架构见图 1 – 1。

<table>
<tr><td rowspan="7">税务委员会</td><td colspan="2">委员会主席（财政司司长）</td></tr>
<tr><td rowspan="4">委员</td><td>税务局局长</td></tr>
<tr><td>律师 1 名</td></tr>
<tr><td>会计师 1 名</td></tr>
<tr><td>银行家 1 名</td></tr>
<tr><td colspan="2">秘书（税务局副局长）</td></tr>
<tr><td colspan="2">咨询处（税务局长直辖科）</td></tr>
</table>

⇩

税务局长直辖科
税务局长
副局长
上诉组
询问服务处
内部审核组
投诉事务组
表格审查组
税务秘书

⇩

助理局长	助理局长	助理局长	助理局长	助理局长
第一科	第二科	总务行政科	第三科	第四科
① 利得税评税组 ② 复查及临时档案组 ③ 物业税联络组 ④ 金融机构组 ⑤ 实地审核组	① 薪体税评税组及买验组	① 一般行政组 ② 训导组 ③ 电脑组 ④ 慈善捐款及退休金计划组 ⑤ 物业税及个人入息课税组 ⑥ 综合报税表组	① 收税组 ② 遗产税办事处 ③ 商业登记办事处 ④ 印花税办事处 ⑤ 税务督导分局 ⑥ 总务组	① 调查组

图 1－1　香港税务局的组织架构

第二节　香港的税种结构

香港的税种按性质划分可分为直接税和间接税，见表 1－1。

一、直接税

直接税在税种结构中所占的比重最大，包括物业税、薪俸税、利得税、利息税、遗产税。物业税、薪俸税、利得税这三类所得税是直接税中的主要税种，它们采用分类所得征税方法，同时，又准许纳税人选择各种所得合并计算的个人入息课税，即综合所得课征方法。

1. 物业税（Property Tax）

物业税是对有租金收入的建筑物的业主所征收的税项。税额按房地产的评税值减去 20% 的修理费和保养费及业主已缴的差饷，根据标准税率计算得出。

2. 薪俸税（Salaries Tax）

凡是来自或获自在香港担任的职业或职业的长俸的入息均须缴纳薪俸税。来自职业的入息，包括工酬、薪金、佣金、酬金、花红、奖金、津贴等。薪俸税是三种所得税中唯一可以自动获得扣除个人免税额的税项。

3. 利得税（Profits Tax）

凡在香港经营任何行业、专业或业务的个人或法人，其赚取的来自香港的一切利润，均应缴纳利得税。根据地域征税原则，居民和非居民无差别，只要得到来自香港的利润，就必须纳税，而来自香港以外的利润则无须纳税。

4. 遗产税（Estate Duty）

位于香港的财产因其拥有人身故而把财产转移给别人，有关财产的价值应缴纳遗产税。遗产税按遗产的多少实行全额累进税率。

二、间接税

香港间接税有十几种，主要包括应课税品税、印花税、差饷、娱乐税、博彩税、酒店房租税、机场离境税、商业登记费、车辆税、专利或特权税、的士牌税等。

表 1－1　香港主要税项一览表

直接税	物业税、薪俸税、利得税、利息税
间接税	差饷、应课税品税、汽车首次登记税 专利税和特权税、商业登记费 内部税（博彩税、娱乐税、酒店房租税、机场过境税、海底隧道税、印花税）

三、间接税和直接税的比重的演变

在香港税种结构上，间接税和直接税的比重在各个时期是不相同的。在香港税收历史上，很长一段时期以间接税为主。二战时为战时需要开征了直接税，战后在《税务条例》中用立法的形式将直接税固定下来。但由于当时经济发展水平和收入水平不高，为鼓励商界和投资者投资、经营的积极性，直接税税率很低，直接税没有成为政府税收收入的主要来源。20 世纪 60 年代以来，由于香港经济的转变和发展，直接税收入迅速增长，特别是其中的公司利得税。70 年代以后，直接税的比例逐渐上升，并超过了间接税，而且把这种主体地位保持了下来。70 年代末香港虽然又进行了扩大间接税的讨论和实践，但实际上间接税的比重并未明显上升，直接税与间接税的比重一直保持在55：45的水平。进入 80 年代后，由于各方面的原因，直接税占总体税收的比重使香港当局担心发生经济困难时导致税收收入大幅减少，危及财政的平衡和稳定。于是其在政策上有意扩大间接税的税源，适当提高间接税在总体税收收入中的比重，从近年的数据看，直接税比重已回落到60%左右。

单从数额看，香港直接税占税收收入总额的比重为60%，而同期美国的这一比重为70%，日本为75%，即使扣除社会保险税，也分别为60%、65%，高于香港。相对来说，香港的这一比重不算高。但如果仔细分析香港直接税的税源结构，即可知道财政司的担心所在。因此，财政司本着稳定税收的目的，提议增避间接税，开征销售税。不过，销售税实行比例税，具有累退的性质，势必拉大贫富差距，既有失公平原则，也不能顺应民情。

其实直接税和间接税之间的比例高低应视当地经济发展及税制变化而定，没有一成不变或绝对正确的比例。所谓最适比例，在当时很大程度上还取决于在任财政司对过去和未来经济发展的看法。

香港历年税制结构变化情况，见表1－2。

表1－2　香港历年税制结构比较　　单位：亿港元

年份	直接税：间接税	年份	直接税：间接税
1947/1948	15：85	1975/1976	56：44
1948/1949	32：68	1976/1977	55：45
1949/1950	24：76	1977/1978	57：43
1950/1951	27：73	1978/1979	55：45
1951/1952	27：73	1979/1980	60：40
1952/1953	41：59	1980/1981	60：40
1953/1954	40：60	1981/1982	64：36
1954/1955	38：62	1982/1983	69：31
1955/1956	33：67	1983/1984	60：40

（续上表）

年份	直接税：间接税	年份	直接税：间接税
1956/1957	32：68	1984/1985	62：38
1957/1958	33：67	1985/1986	60：40
1958/1959	33：67	1986/1987	61：39
1959/1960	30：70	1987/1988	62：38
1960/1961	30：70	1988/1989	62：38
1961/1962	33：67	1989/1990	63：37
1962/1963	33：67	1990/1991	60：40
1963/1964	34：66	1991/1992	59：41
1964/1965	35：65	1992/1993	61：39
1965/1966	36：64	1993/1994	59：41
1966/1967	37：63	1994/1995	64：36
1967/1968	38：62	1995/1996	66：34
1968/1969	38：62	1996/1997	61：39
1969/1970	39：61	1997/1998	46：54
1973/1974	54：46	1998/1999	63：37
1974/1975	61：39		

资料来源：香港各年度财政预算案。

第三节　现行香港税制的特点

现行香港税制由《税务条例》及其附例和香港税务规则构成。它们规定了香港税收和稽征事项，香港的税收和税务处理都是依照《税务条例》及其附例和税务规则，并按有关判例进行的。从总体上看，香港税制具有简单、税种少、税负轻、稽征简便的特点，具体如下：

一、税制以收入为基础

香港税制中税额负担的界限以有利于取得足够经常收入为限，可以支付政府一般收入账目总开支的大部分，并且将本港的财政储备维持于一个满意的开支。这可以看出，香港税制是以收入为基础的。因此香港历次税改的指导思想都以 1976 年第三次税务条例检讨委员会的讨论重点为依据："就香港现时的经济环境而言，所需要的是：①较低水平的直接税；②按特定税率而制定的税制应尽可能收取最多的税款；③有关法例的施行应是简单和不昂贵的；④研究现行香港税务条例中有关溢利及其孳息的税收制度……"香港税收制度以收入为基础，税制的调控意识较弱，是与其所奉行的"不干预主义"经济政策密切相关的。

二、征税面窄，税种少，税负轻

香港税收政策的制定尽可能不影响香港内部的成本与价格结构以及投资决定，并且最大限度吸引外资。为此，香港采用低税率、少税种的做法。如直接税的税率始终控制在 20% 以下，实际上公司利得税从来没有超过 18.5%，标准税率最高也只达到过 17%。在税种方面，至今香港的税项也仅有 15 种（不含利息税），而且特别重要的是香港对一般进口货物不设关税，只是对 4 种特殊商品如酒、烟等征税，取消对化妆品征税。另外，香港不设投资利得税，对保护投资者积极性和激发企业进取精神具有重要作用。

三、一贯坚持属地制原则

香港一直坚持所得来源地原则，只对香港来源的收入课税。这一原则使香港有效地避免了国际性公司在港双重纳税问题，刺激了公司经营离岸业务的积极性，有利于香港经济国际化。

四、稽征简便，灵活性大

香港对每一项税的课征，不论是直接税还是间接税，稽征力求简便，而不鼓励逃税。为体现上述特点，它制定了一些简单易行的课征方法。这些方法具有以下特点：

（1）只对物业税、薪俸税、利得税这三种入息征税，利息税已停征。

（2）采取实报实收的暂缴课税方式，不采用"从源扣缴"税款，在税款少的情况下，申报课税较之从源课税简便。

（3）税项基本上依据标准税率征收，只有薪俸税及个人入息课税用累进税率，但纳税额不会超过该入息以标准税率计算出来的应纳税款。

（4）市民每年只需填报税表一次，税务局依据税表及其他有关资料进行评估，进程简单。

五、有关税收执行法例及时修订，并且是受政府和民众共同影响

香港的税收执行法例不时修订，以适应经济发展的需要。条例根据香港经济的发展变化进行修订，历次的重要修订，均是首先公布，让市民发表意见，政府适当考虑民众的建议进行修改、制定，并且逐渐增加咨询渠道。另外，税务条例检讨委员会也常就税务条例中若干规定和一般范围提出适当的修改建议。该委员会分别向公众特别是专业团体、机构或公司、贸易同业商会等征询意见，同时也鼓励市民提出批评和建议。

第四节　香港的税务法制和管理

一、税务法制

香港的法律属于普通法系（即英美法系），主要依据英国的习惯法和成例制度。（虽然香港也制定一些成文法法规，但只是一小部分，大部分的法律由判例积累而成）

严格来说，香港并没有一套单独、全面的税法体系。香港现行课税所依据的税法源于 1947 年制定的《税务条例》及其附属的税务规则。香港税法的制定与修订由立法局负责，法案由动议到通过的过程中，财政司及行政局实际上起着主要的作用。税法的执行机构是税务局，内设局长、副局长各 1 名，助理局长 5 名，评税主任若干名。依据《税务条例》，税务局有索取与评税有关的资料、评估税、调查和搜查以及征收和追缴税款等权力。如果纳税人对有关的评税提出反对，其个案先交由评税主任处理。若纳税人与评税主任不能达成协议，就要由税务局长亲自作出书面裁决。

香港的财政年度即为课税年度，从每年的 4 月 1 日至下一年的 3 月 31 日。除利得税的评税基期需要按会计基期评算外，薪俸税、物业税都以课税年度作为评税基期。课税要经过报税、评税和缴税三个阶段。

二、纳税申报

评税主任可以以书面形式向纳税人发出通知，规定该人在注明的合理

时间内（一般是1个月）提交报税表。利得税报税表一般在每年4月初发出，有1个月的期限。税务代表可获一项自动延期的安排，个别人士可以合理的原因向评税主任提出再延长期限申请。薪俸税报税表一般在每年5月初发出，亦有1个月的期限。此期限可因个别申请而获得延长。

三、纳税人义务和雇主义务

（一）纳税人义务

（1）应课税的个人、合伙人或法团若没有收到报税表，须在有关课税年度结束后4个月内，以书面形式通知税务局局长。

（2）纳税人如果停止经营或停止拥有任何入息来源，须在有关停止事宜发生的1个月内以书面形式通知税务局局长。

（3）任何纳税人，如即将离开香港为期超过1个月，须于离开前至少1个月，以书面形式通知税务局局长。

（4）纳税人如更改地址，须于1个月内以书面形式通知税务局局长。税务条例亦规定税务局发出的文件，如以邮递方式寄往纳税人最后为人所知的地址，则应视为已适当地送达。

（5）在香港经营行业、专业或业务的纳税人，须就其入息及开支以英文或中文备存足够的记录，以便其应评税利润能易于确定。该记录保留期最少为7年。

（6）物业拥有人须就所收取的租金备存足够的记录，例如，租约和租金收据副本等保留期最少7年。

（二）雇主义务

（1）如果雇主开始雇用任何可能应课薪俸税的新雇员，须在该项雇用开始日期后3个月内提交该新雇员的资料。

（2）如果雇主停止雇用任何可能应课薪俸税的雇员，须在不迟于该雇员停止受雇前1个月，以书面形式向税务局局长发出通知。

（3）任何应课薪俸税的雇员，如果即将离开香港为期超过1个月，则其雇主须在前1个月以书面形式向税务局局长发出通知。另外，除已获税务局局长书面同意外，在该通知发出的日期起计1个月内不得付给该名雇员任何工资。

（4）经纪人员如果受雇或担任一个职位而需课缴薪俸税者，其雇主须申报他们赚取的入息。

（5）自由身经纪如果没有担任固定的职位，亦不受任何受雇工作关系约束，则应当作经营一项业务而需缴利得税。凡是雇用该等经纪的人士必须提供他们支付的佣金详情。

四、评税和税款征收

（1）评税可在纳税人提交报税表限定的时间届满后尽快作出。

（2）如果评税主任认为纳税人即将离开香港，或者有其他适当理由，则评税主任可在任何时间对纳税人作出评税。

（3）纳税人已提交报税表，如果评税主任不接纳该报税表，则可评估该人的应课税款额。

（4）如果纳税人未能按时提交报税表，评税主任可评估该人的应课税款额。

（5）如果该行业或业务的账目并未以令人满意的方式备存，评税主任可以该行业或业务营业额的通常纯利润率为基准，对该行业或业务的利润或入息作出评税。

（6）凡评税主任觉得任何纳税人尚未就任何课税年度被评税，或觉得该人被评定的税额低于恰当的税额，评税主任可在该课税年度届满后6年内，按照其断定对该人作出补加评税。但若纳税人不曾就任何课税年度被评税或其评税偏低，是由于欺诈或蓄意逃税所致，则补加评税可在该课税年度届满后10年内任何时间作出。

（7）凡评税主任觉得退还给任何纳税人的全部或部分税款是由于事实上或法律上的错误，评税主任可在该课税年度届满后6年内，就错误退还给该人的税款额而对该纳税人作出补加评税。

五、税务行政救济

（一）修正错误

（1）在任何课税年度结束后6年内或在有关评税通知书送达日期后6个月内（两者以较迟者为准），纳税人证明某一课税年度呈交的报税表或陈述书有错误或遗漏，或税额有计算错误或遗漏，则评税主任须更正该项评税。

（2）评税主任如果拒绝对任何评税作出更正，则须将其拒绝一事以书面形式通知提出该项申请的纳税人。

（二）税务反对

（1）如果纳税人反对评税，纳税人必须在评税通知书发出日期后1个月内，以书面形式向税务局局长提出，并详细列明反对理由。除非已获得税务局局长批准可缓缴该笔税款或其部分税款，否则纳税人必须先行清缴税款。

（2）税务局局长应在合理时间内确认、减少、增加或取消受到反对的评税额；局长可以书面通知纳税人就有关评税所针对的事宜提交细则，以及出示相关的所有簿册或其他文件，亦可传召有关人士到其席前讯问。

（三）上诉

1. 向税务上诉委员会上诉

（1）如果税务局局长没有与纳税人达成协议，则该纳税人可在税务局局长送交书面决定1个月内亲自或由其获授权代表向税务上诉委员会发出上诉通知。如果上诉人是由于疾病、不在香港或其他合理因由而未能按照规定发出上诉通知，委员会可延长至认为适当的期限。

（2）委员会的决定即为最终决定。但上诉人或局长可提出申请，要求委员会就某法律问题呈述案件，以取得高等法院意见。该项申请以书面形式作出，并在委员会作出决定的日期后1个月内送交委员会书记。

（3）高等法院法官须对由呈述的案件所引起的法律问题进行聆讯及裁定，并可按照法庭对该问题的决定而确认、减少、增加或取消委员会已厘定的评税额，或可将案件连同法庭对该案件的意见发回委员会。

（4）法庭可就高等法院的诉讼费发出其认为适当的命令。

2. 直接向高等法院上诉

（1）如果已向委员会发出上诉通知书，上诉人或局长可发出书面通知，表示其本人意欲将相关上诉移交高等法院。

（2）发出的时间不得迟于委员会书记接获上诉通知书日期后21天内。高等法院可确认、减少、增加或取消局长已厘定的评税额；判定税务局局长有权作出的任何一项评税，或指示局长作出该项评税；就诉讼费作出其认为适当的命令。

3. 直接向上诉法院提出上诉

（1）可针对委员会的决定而直接向上诉法院提出上诉。

（2）上诉法院认为由于所争议税项款额的缘故，有关事宜有普遍重要性，或对公众有重要性或特别复杂，或任何其他理由，上诉宜由上诉法院而非高等法院聆讯或裁定。

六、罚则

(一) 对未遵照规定或未出席传讯的处罚

任何人士在没有合理的解释下而作出下列行为即属违法，处1万港元罚款。

1. 未遵照规定

(1) 向评税主任提供与报税表有关的详细资料。

(2) 用港元提交资产及负债申报书。

(3) 提交雇员薪酬报税表。

(4) 提供有关反对某项评税的资料。

(5) 通知有关物业产权的转让。

(6) 通知停止营业或取得应课薪俸税、利得税、物业税的入息。

(7) 通知离港或住址变更情况。

(8) 通知开始或停止雇用雇员或雇员离港的资料，或未有扣除应付即将离港雇员的款项。

(9) 根据税务通知书将替欠税人保管的款项付给税务局。

2. 未出席传讯

(1) 以答复有关反对某项评税的问题；或虽然出席传讯，但是没有就此类问题作答。

(2) 在税务上诉委员会的聆讯过程中提供证据；或虽然出席传讯，但没有提供真实可靠的证据。

(二) 对申报不实的处罚

任何人士有下列行为的，处1万港元罚款，并另加不超过相当于最高不超过少征收的税款3倍的罚款。

(1) 因遗漏不报或少报某些资料而提交不正确的报税表。

(2) 申报扣除额或免税额时作不正确的声明。

(3) 不遵照通知书的规定填交报税表。

(4) 未通知税务局局长有关其本人可课税的入息。

(三) 对未按期限缴纳税款的处罚

(1) 如果任何税款在指定缴税期限仍未清缴，则未付的税款将视为欠税并可立即追讨。税务局局长会就逾期未缴的税额加征5倍的附加费，并采取各种追税行动，包括在区域法院进行民事起诉。纳税人除了须缴付已到期未缴付的欠税外，还须负责缴付法院费用、定额诉讼费和利息。

（2）如果纳税人在缴税期限后6个月仍未清缴税款及附加费，税务局可再加征相当于逾期未缴款的总额10倍的附加费。

（四）对使用或授权使用任何欺骗手段、诡计逃漏税款的行为的处罚

（1）遵循简易程序定罪后可处5 000港元罚款，以及相当于最高不超过少征收的税款3倍的罚款，另可处监禁6个月。

（2）遵循公诉程序定罪后可处2万港元罚款，以及相当于最高不超过少征收的税款3倍的罚款，另可处监禁3年。

第二章　物业税 (*Property Tax*)

物业税是香港对土地及建筑物课征的一种税。香港地少人多，土地资源十分有限，租赁和转租的业务量相当大，而且次数频繁。开征物业税不仅税源稳定，而且成为香港税制的一个特色，具有重要的意义。

通过本章读者可了解：物业税的基本概念、物业税的产生与发展、物业税的征税范围、纳税人、税收优惠、税率和税额计算以及税款的征收管理等。

第一节　物业税概述

一、物业税的概念

物业税是向香港土地及建筑物的业主所征收的税，它是以每一课税年度土地及建筑物的应评税净值作为计税依据，用标准税率计算和征收的一种税。

所谓应评税净值，是指应评税值减去差饷和若干免税扣除额等法定扣除项目后的差额。

二、物业税的产生和发展

物业税于1940年战时法通过后开征，税额为经评定的应课差饷值的5%，无任何宽免规定，应课税人士包括所有业主。

1947年颁布《税务条例》后，物业税根据经评估的应课差饷租值计算，标准税率改为10%，并增加了20%的修理保养费宽限额。

1961年，业主自住楼宇的物业税获得豁免，只对有租金收入的业主征收。1965年，对公司物业作出若干豁免规定，在香港营业的任何公司，如物业的租金构成该公司赚取收入的一部分，便可申请豁免。

1983/1984财政年度，物业税应评税值按估计租值课征改为按实际租值课征，以标准税率计算税额。

1988/1989 年度物业税标准税率改为 15.5%，按应评税净值征收，应评税净值为应评税值减去 20% 免税额作为修缮及保养支出用途的差额。

1995/1996 财政年度起，物业税标准税率改为 15%。

2003/2004 财政年度起，物业税标准税率改为 15.5%。

2004/2005 财政年度起，物业税标准税率改为 16%

第二节　物业税的征税范围、纳税人

一、征税范围

香港《税务条例》规定，所有位处于香港的土地和建筑物都属于物业税的征税范围。

土地和建筑物指土地、楼宇（包括楼宇的任何部分）、码头、墩以及不构成楼宇的其他建筑物。由于香港土地资源有限，建筑物一般为楼宇，在税收术语中就以“楼宇”代替“建筑物”。

二、纳税人

物业税的纳税人是在香港拥有土地及楼宇的业主。若楼宇的业主和土地的业主不是同一人，则分别向楼宇的业主和土地的业主征税。

业主包括向政府批租的地主、受益业主、抵押人、终身租用人、已占用房地的承押人、分期付款购买房产的人，也包括管理业主遗产的遗嘱执行人。

物业税只向有租金收入的业主征收，没有租金收入的业主不是物业税的纳税人。

在评估、计算物业税时，丈夫和妻子作为独立的纳税人，对各自拥有的物业分别评估、计算。

第三节　物业税的税收优惠

根据香港《税务条例》及有关法例规定，物业税有如下减免和扣除：

一、豁免物业

（1）政府及领事的物业。香港政府作为业主时，该物业豁免物业税。根据领事关系条例拥有并实际作为领事活动用途的物业，可豁免物业税。

（2）供商业公司业主作业务用途的物业，如其应课税物业收益已包括在利得税利润内，或物业由业主自有作商业用途，则该物业可豁免物业税，若该公司没有申请免税，则可将已缴付的物业税从已评定的利得税中扣除。享受物业税豁免规定必须符合以下条件：

①公司占有的物业是为了获取应纳利得税的利润，其商业所获取的收益包括从物业获得的收益；

②公司从物业所获得的收益已列入利得税的利润缴纳利得税。

（3）闲置物业。对于闲置（即在稽征年度某些时候未被占用）物业，其应付的物业税可按闲置时间占课税的年度时间扣减。

（4）业主自住楼宇。在某个稽征年度业主专为居住目的而占用了一幢楼宇，则该楼宇可豁免物业税。如果业主按整个稽征年度不符合免税规定，则可以时间比例为基础，根据有资格减税的天数计算应减税额。如果该幢楼宇由几个业主共同所有，则按照各人享有的权益部分分摊应缴税金和分别计算免税数额。个人如果将他的部分物业作为经营所用，部分作居住用，则不能享受业主自住免税，只能将有关业务用途的物业税从它的应付利得税中扣除。

（5）家庭、家族或堂的物业。家庭、家族或堂的物业可豁免物业税，但该物业必须得到证明。

（6）任何属公性质的慈善机构或信托，均可免缴纳物业税。

（7）行政长官会同行政会议可豁免任何人、办事处或机构缴付应征收的物业税款的全部或任何部分。

二、可扣除费用

（1）由业主负责支付的差饷。

（2）来自应课税物业的收入，但无法收取的租金（如已扣除无法收取的租金但其后收回，则须纳入在收回款项年度的应评税值内）。

（3）20%免税额作为修理费及其他开支费用。这是一个不论实际开支数目大小而规定的划一扣除额。

第四节 物业税的税率和税额计算

一、税率

现行物业税的标准税率为16%。

二、税额计算

物业税的计税依据是物业的应评税净值，它等于应评税值减去差饷和20%免税扣除额的差额。

（一）应评税值

物业的应评税值根据为换取物业的使用权而付予业主的实际租金收入而确定。包括在应评税值内的有租金、为楼宇的使用权而支付的许可证费用、整笔顶手费、支付予业主的服务费及管理费、由住客支付的业主开支等。

应评税值的评定基准是按照该物业成为课税对象时那天可租出的金额，而不是参照稽征年度第一天的金额基准计算。但应评税值不能超过可收到的管制租金。

应评税值原则上每年评定一次，以符合租金上涨幅度，但实际操作可能性小，因此，在每个稽征年度开始对物业进行评估时，若没有新的估价，则可延续使用上一次所确定的应评税值。

（二）应评税净值和税额的计算

（1）物业税的应评税净值等于应评税值减去业主支付的差饷和20%的免税扣除额的差额。（物业税是根据应评税净值乘以标准税率计算的）

（2）计算公式为：

应纳税额＝实际租金收入总额×（1－20%）×16%

＝（租金收入总额－已纳差饷数额）×（1－20%）×16%

（三）举例

［例］2005年6月1日订立租约，为期二年。月租20 000港元，租客须付整笔顶手费24 000港元，差饷全年4 800港元由业主支付。2006年6月30日住客提前解约搬走，该物业一直空置。计算各年度物业税（单位：港元）：

解：2005/2006 年度物业税：

租金收入（2005 年 6 月至 2006 年 3 月） 200 000

预付顶手费摊分（24 000/24 月 ×10 月） 10 000

业主付的差饷摊分（4 800/12 月 ×10 月） 4 000

应评税净值 =（租金收入 + 预付顶手费摊分 - 业主付的差饷摊分）×（1 - 20%）

=（20 000 + 10 000 - 4 000）×80%

= 208 00（港元）

应纳物业税 = 应评税净值 × 标准税率

= 20 800 ×15%

= 3 210（港元）

2006/2007 年度物业税：

租金收入（2006 年 4 月至 2006 年 6 月） 60 000

余下预付顶手费摊分（24 000 - 10 000） 14 000

业主付的差饷摊分（48 000/12 月 ×3 月） 1 200

应评税净值 =（租金收入 + 预付顶手费摊分 - 业主付的差饷摊分）×（1 - 20%）

=（60 000 + 14 000 - 12 000）×80%

= 49 600（港元）

应纳物业税 = 应评税净值 × 标准税率

= 49 600 ×15%

= 7 440（港元）

第五节 物业税的征收管理

一、业主申报、接受评税

业主须填报综合报税表格，把所有物业都包括在综合报税表内，一起接受评税。业主也可以根据上一个课税年度议定的评税标准作为准则评估应评税值，在年中暂缴物业税，但须在课税年度终了后按标准税率计算，多退少补。任何人士申请暂缴物业税，可在缴税日到期的 28 天前以书面通知税务局局长表示本人须就该纳税年度纳税。

二、评税主任评税和缴纳

评税主任根据纳税人交上的申报表或暂缓物业税的通知书进行评税，并扣减课税年度内已暂缴的物业税，纳税人则按评税通知书的时间缴税纳款。

三、其他

（1）业主须以英文或中文详细记录出租楼宇所取得的收益，以确定申报的应评税值，并保存该记录最少7年。

（2）任何人士，如果不再成为课税土地或物业的业主，须在1个月内以书面形式通知税务局长。

（3）任何人士，如果对物业税不满，可在评税通知书发出1个月内，以书面通知税务局长反对该项评税。

第三章 薪俸税（Salaries Tax）

薪俸税在香港税制中占据重要的地位。它是对任何人士在香港从事有收益的职业而赚取的入息或长俸所征收的一种税。它相当于其他国家（或地区）的个人所得税、工资所得税，但与这些税相比，薪俸税在征税范围、税率等方面有自身突出的特点。

通过本章读者可以了解：薪俸税的定义、特点、征税范围、纳税人、税率和计算方法、税款的征收与管理等。

第一节 薪俸税概述

一、薪俸税概念

薪俸税是对任何人士在香港从事有收益的职业而赚取的入息或长俸所征收的一种税。

“薪俸”相当于“工资”或“工资类收入”，常指服务于政府部门获取的工资收入或服务于企业或其他团体获取的收入。

二、薪俸税的特点

薪俸税从1940年开始征收，其后的每年都有不同程度的变更。

它的特点如下：

（1）薪俸税是对来源于香港的任何有收益的职业的收入或长俸征收的税，征税对象是在港入息。

（2）薪俸税的纳税人是在港从事职业获取入息的个人。

（3）薪俸税的税率采用标准税率和超额累进税率。

（4）薪俸税的征收程序是先评估、预收，再结算缴清。

（5）薪俸税中夫妇可采用合并报税和分开报税两种方法。

第二节　薪俸税的征税范围

香港《税务条例》规定，凡是来自或获自在香港任职、受雇及退休金的入息均须缴纳薪俸税。

一、确定收入来源的一般原则

来自或获自香港的入息，包括所有因在香港服务而获得的收入。

（1）如果职业的来源基本在香港，不管在哪里提供服务的全部报酬都在薪俸税的范围内。但若所有的职业服务都是在香港以外提供的，尽管收入的基本来源在香港，也不属薪俸税的范围。政府雇员、海员和航空人员则另有规定。

（2）如果职业的来源基本在香港以外，在香港工作的报酬属薪俸税的范围之内，包括在香港执行任务时的假期工资。但是，假如某人在香港逗留期间服务，只要在稽征年度中不超过60天，则对他的任何报酬不征薪俸税。但此人必须是一个去香港的访问者，而不是在香港有某种形式的永久性基地但大部分时间在国外做业务的人。

二、入息的含义

入息包括各种收入，具体收入主要包括：

（1）受雇在香港工作而取得收入，包括薪金、工资、奖金、津贴、慰劳金、手续费。

（2）退休金的收益。在香港，退休金通常采用公职金制度，也就是说，退休金由雇主和雇员共同承担，雇员退休时，就可以领取退休金。

一般情况下，任何属于公职金或退休金计划所收到的款项，均作为应课税收入，缴纳薪俸税，而不论该款项是在受雇期间或离职后获得还是以换算年金方式取得的。

（3）雇主免费提供的寓所租住，或雇主以低于租赁价值的房租提供住房时，对租赁价值与房租的差额部分，评税时的计算方法是按雇员薪酬税数的10%作为该寓所的租值，这个租值要加到薪酬中一并缴税。

（4）任何行使、转让、放弃认购股份而得的利润，而不管有关公司是否为纳税人的雇主。

第三节　薪俸税的纳税人和减免规定

一、纳税人

薪俸税的纳税人主要是指在香港受雇而获得工资或长俸收入的个人，该个人是香港人士与否并无差别。另外，如果不是香港人士，但其在访香港期间受雇或提供服务超过60天，也被视为薪俸税的纳税人。

二、减免规定

《税务条例》规定，下列各项收入可豁免薪俸税：

（1）属于所代表的国家的国民或公民的驻港领事、副领事和领事馆职员的薪酬。

（2）行政长官有权根据国际组织及外交特权条例在宪报公告豁免某国际组织（此类国际组织必须有一个或一个以上的主权国成员，香港政府或英国政府亦是该组织的委员或联系会员）各类或若干类员工的薪俸税。

（3）从退休金计划所得款项，即：当解雇、死亡、无能力工作或退休时，根据认可的职业退休计划、长俸条例、长俸利益条例或长俸利益（司法人员）条例将长俸进行换算所得的款项。自1993年11月19日起，除退休、死亡或无能力工作外，此限制还适用于停止雇用时雇主供款部分超过相当比例的利益款项。

（4）除政府公务员外，任何并非在香港服务所得的长俸。

（5）在停止雇用、死亡、无能力工作或退休时，从认可职业退休计划取得非属于长俸的款项。但雇主不是利得税纳税人的，雇员获得豁免的款项中雇主供款所占部分不得超过雇员在提取该笔款项之日前一年（12个月）从其职位或职业所得的入息乘以该雇员已替该雇主服务的全部年数所得总额的15%。

（6）大学、学院、学校及其他类似教育机构的全日制学生从奖学金、助学金或其他类似的教育基金所获得的任何款项。此条规定也适用于雇员，即雇员本身的教育费用可获豁免薪俸税，但其他人士不能据此获得豁免。

（7）符合留港规定最少天数的海员或航空人员的赡养费或生活费。

(8) 符合留港规定最少天数的海员或航空人员，豁免薪俸税。

(9) 某人从其配偶经管的业务中获得的薪酬，或从其配偶作为合伙人的合伙业务中获得的薪酬。

(10) 行政长官可根据《税务条例》规定，豁免任何按退休金条例、退休金及有关利益条例或退休金及有关利益（司法人员）条例所获得的长俸应纳的薪俸税。

(11) 雇主发给雇员供旅游用的船票、机票换领证或船票的价值，或用以购买这些船票、机票换领证或船票机票支出的津贴。另外，雇主发给雇员作为上述旅途随身行李搬运费的津贴，也豁免薪俸税。

(12) 雇主发还雇员以缴付寓所租金或代表雇员直接付给业主的租金。

(13) 若无任何人士作为雇主合约责任的担保人，由雇主付给第三者以解除雇主合约责任的款项。

(14) 服务公司或信托支付给个人所提供服务的薪金。

(15) 已在另一国家提供服务所赚取并须向执行服务的国家纳税的收入，经税务局长确认该纳税人已向该国缴付税款的，豁免薪俸税。

第四节　薪俸税的税前扣除额及免税额

一、税前扣除项目

香港《税务条例》规定，在计算应评税入息实额时，有些费用可在税前扣除，包括为取得入息而支付的若干费用、折旧免税额、认可慈善捐款和亏损等。具体如下：

(1) 完全、纯粹及必须为产生评税入息而导致的所有支出和开支，但属于家庭性质或私人性质的开支以及资本开支则不能扣除。

可扣除的费用开支必须符合：该项开支必须已经“付出”，必须是“完全、纯粹为赚取有关评税入息而产生的，该项开支的赚取是有关明税入息所必须”的。

海员、飞机机师及服务员可获得有关制服、仪器及航海图等统一开支费用的免税额500港元。

(2) 为赚取应评税入息而必须装置的机器或设备的折旧税额可在计税前扣除。

（3）对上各年度结转入该年度的亏损处理。若选择合并纳税的夫妇在已课税年度其中一方发生亏损，剩余的数额可以从另一方的应评税入息中扣除。而以上年度转拨到本课税年度的剩余亏损的抵消顺序为：

①先抵消该纳税人的应评税入息；

②从其配偶的应评税入息中抵消；

③若不能完全抵消，可转拨下一年度。

（4）为取得或维持在受雇工作中应有的资格而修续订明教育课程有关的费用（包括学费和考试费），2007/2008 年度或以后限额为 6 万港元。

（5）在一个课税年度内向认可的慈善机构捐款总额不少于 100 港元，可获准扣减。扣除额最高不可超过应评税入息或合并评税入息减去可扣减费用和折旧免税额外负担后的 25%。

（6）由 1988/1999 年度或以后，纳税人为购买其住宅而缴付的居所贷款利息。若该人士是该住宅的唯一或部分拥有人，就其所缴付的利息或所占业权的利息部分，每课税年度的扣除额以 10 万港元为限额，扣除年期为 5 个课税年度。

二、免税额

1. 免税项目

免税额可以在扣除支出后的收入中扣除。2007/2008 年度的免税如下（单位：港元）：

个人免税额：

纳税人本身	100 000
已婚纳税人	200 000
单亲免税额	100 000

子女免税额：

第 1 名子女	50 000
第 2 名子女	50 000
第 3 ~9 名子女（按名计算）	50 000

额外免税额：

供养父母免税额（每位计算）（60 周岁以上或有资格领伤残津贴）	30 000
额外父母免税额（与纳税人同住，每位计算）	30 000
供养祖父母免税额	30 000
额外祖父母免税额	30 000
供养兄弟姐妹免税额	30 000
供养父母免税额（55 周岁以上但未满 60 周岁）	15 000

供养祖父母免税额（55 周岁以上但未满 60 周岁）	15 000
伤残受养人免税额	60 000

2. 扣除项目（最高限额）

可扣除的项目只限于完全、纯粹及必须为获得应评税入息的开支，但不可扣除属私人或家庭性质的开支，2006/2007 年度的扣除款如下：（单位：港元）

个人进修开支	40 000
长者住宿照顾开支	60 000
居所贷款利息	100 000
向认可退休计划部门支付的强制性借款	12 000

认可慈善捐款（入息 - 可扣减费用 - 折旧免税额）× 25%

第五节　薪俸税的税率和税额计算

一、薪俸税的税率

薪俸税采用标准税率和超额累进税率。

1. 标准税率

香港的标准税率经常进行调整，但一直保持在 15% 左右，2006/2007 课税年度标准税率为 16%。

2. 超额累进税率

纳税人也可以采用超额累进税率计算薪俸税，但按超额累进税征收的薪俸税，不得超过以扣除费用前的总所得乘以标准税率计算出来的额税，见表 1 - 3。

表 1 - 3　超额累进税率表　　单位：港元

应课税入息	2008/2009 年度税率
30 000 以下	2%
30 000 ~ 60 000	7%
60 000 ~ 90 000	12%
90 000 以上	19%

二、薪俸税的计算

薪俸税纳税人可以按标准税率和超额累进税率两种方法计算其应纳的薪俸税，从而选择有利的纳税方案。

1. 按标准税率计算

按标准税率计算的公式为：

应纳薪俸税额 = 应评税入息实额 × 标准税率

2. 按累进税率计算

按累进税率计算公式为：

应纳薪俸税额 = 应评税入息税额 × 累进税率

［例］李先生为一间贸易公司的会计经理，在2006/2007年度他的薪金总额为400 000港元。该雇主为他提供了一所免费的住宅，此外他在一所大学参加了一个财务管理课程，付15 000港元学费，他在该年度把5 000港元捐到了认可慈善机构。李先生已婚及育一子，他与年满60周岁的母亲同住，李太太在该年度没有任何应课税的收入。求李先生应纳薪俸税额。

解：(1) 李先生2006/2007年度入息：

薪金：400 000（港元）

房屋住宿福利（400 000 × 10%）：40 000（港元）

(2) 应评薪俸税的总入息：400 000 + 40 000 = 440 000（港元）

(3) 可扣除项目：

认可个人进修开支：15 000（港元）

认可残善捐款：5 000（港元）

(4) 免税额：420 000（港元）

个人免税额 − 已婚人士免税额：216 000（港元）

子女免税额：30 000（港元）

父母免税额：30 000（港元）

额外父母亲免税额：22 000（港元）

(5) 应课税入息实额：440 000 −（15 000 + 5 000）−（216 000 + 30 000 + 30 000 + 22 000）= 122 000

应纳税薪俸税 = 30 000 × 2% + 30 000 × 7% + 30 000 × 13% +

2 000 ×19% = 6 980（按累进税率计算）或

应纳税薪俸税 =122 000×16% =19 520（按标准税率计算）

由于按标准税率计算的应纳税额少于按累进税率计算的应纳税额，故李先生选择按标准税率计算应纳税额，缴纳薪俸税，应纳税薪俸税为19 520港元。

三、已婚夫妇评税及计算方法

香港《税务条例》规定，已婚夫妇薪俸税的课征，既可合并评税，又可分开评税。合并评税是指夫妇通过申请，将两人的入息数额合并在一起进行评税；分开评税是指夫妇分别按照个人的入息部分评税，两人均被作为单身人士对待。

在1989/1990课税年度前，夫妇可选择合并评税或分开评税，选择合并评税时，向丈夫征收；选择分开计税时，在同一报税上分开填写申报其个人的薪俸税，各自按比例纳税。从1989/1990课税年度起，夫妇须各按其收入缴纳薪俸税，各自填写报税表，分开各自评税。但若选择合并课税后的税额比两个分开课税的总额少时，夫妇可有选择地合并课税。

当夫妇俩人分开课税的应课税数额大于两人合并评税的税额时，夫妇有权选择合并课税，主要表现在以下情况：

（1）捐款后的应评税入息实额或丈夫或妻子的应评税入息实额为负数。

（2）在扣除已婚人士免税额后，根据夫妇合并评税的应缴税额，少于根据个人应课税入息实额评定的税额。

第六节　薪俸税的征收与缴纳

（1）雇员开始在香港工作时，雇主须向税务局递交开始受雇的通知书。此外雇主每年须为应缴付香港薪俸税的全部雇员向税务局递交雇主填报的薪酬及长俸报税表，雇主每年报税表通常应在4月呈交。香港雇员须在应缴纳薪俸税的年度向税务局递交薪俸税报税表。报税表通常由税局在每年的5月1日发出，在6月1日之前呈交（即该报表发出日后1个月内）。

（2）薪俸税以该课税年度内的实际入息计算，并在该课税年度先行征收一项暂缓薪俸税。暂缓薪俸税是根据上一年入息减去免税项目后计算，如果上一年度不是全年有入息，暂缓薪俸税则根据该课税年度全年的估计入息减去免税项目后计算。到下一年度评定该课税年度应课缴的薪俸税后，以缴付的暂缓薪俸税先用以抵消该笔税款，如有剩余则用以抵消下一年度的暂缓薪俸税。

（3）税款一经评定，评税通知书便会发出给纳税人列明所评定的应课税额，应缴税款及税务局长所订的缴税期限。纳税人应在评税通知书所示的限定日期前直接到税务局或任何一个税务分局以现金缴交税款或者邮递方式寄往税务局用支票交款，拖欠的税款会征收附加费。

（4）若一个纳税人在一个课税年度需要缴纳利得税、薪俸税及物业税，他可选择以个人入息课税方法计税以使其减少税务负担。

（5）如果夫妇二人未在报税表内预先选择夫妇合并评税，而税务局在计算了夫妇二人各自的最后评税后，确定合并平税是对他们有利的，便会向他们发出通知书并选择表格。这时夫妇二人如果同意合并平税，他们应该将选择表格填妥、签署及交回。

第四章　利得税 (Profits Tax)

利得税是对任何人士在香港从事、经营任何行业、专业或业务而获得源于香港的利润而征收的一种税，相当于其他国家（或地区）的公司（企业）所得税。香港采用属地主义原则对公司进行征管。利得税在香港现行的3项所得税中，法规数量最多，篇幅最大，在整个税制体系中占最重要的地位。

通过本章读者可了解：利得税的概念、特点、纳税人、征税范围、评税基期、税收优惠、税率及税额计算以及税款的征收管理等。

第一节　利得税概述

一、利得税的概念

利得税是向任何人士在香港从事任何行业、专业或业务而获得的源于香港的利润（出售资本资产的利润除外）所征收的一种税。

二、利得税的特点

利得税于1947年第20号法案公布后实施，其间经过多次的修改，现行利得税的主要特点表现为：

（1）利得税是对于来源于香港的任何行业、专业或业务的利润课征。

（2）资本增值或股息不需课税。

（3）利得税的纳税人是在香港从事专业、行业或业务并获利的人，无居港人士或非居港人士的差别。

（4）利得税采用标准税率，公司等法人或团体税率为17.5%，非法人或团体业务税率为16%。

（5）利得税采取先评估、后预收、再结算清缴的征管办法，与其他国家或地区先预收预缴，再定期或不定期检查清算的方法有不同之处。

第二节　利得税的纳税人和税率

一、纳税人

利得税的纳税人为从事行业、专业或业务并获取应评税利润的人士，包括公司、合伙经营或团体等法人和任何人士在内，纳税人无居港人士和非居港人士的分别。因此，居港人士获自海外的利润无须在香港纳税，而非居港人赚取来源于香港的利润则须纳税。

纳税人必须满足的条件是：

（1）在香港从事经营行业、专业或业务活动。

（2）从该行业、专业或业务中获得利润（出售资本资产的利润除外），并且该利润是在香港赚取或获得的。

二、税率

香港利得税采用标准税率，公司等法人或团体为17.5%，法人或团体以外的人士为16%。

第三节　利得税的征税范围

按照规定，任何人士包括法人、合伙业务、受托人或团体，在香港经营行业、专业或业务而获得在香港产生的应评税利润（出售资本资产的利润除外），均须纳税。

一、应评税利润确定的一般原则

利得税遵循的一般原则是地域原则，应评税利润的确定主要考虑两个因素：

（1）该利润来自任何专业、行业或业务。

（2）该利润来源于香港。

由上可知，应评税利润是根据利润的来源确定的，而利润的来源主要是依照判立法原则加以确定。此外，香港《税务条例》也规定了一些规则，用以推定某些利润是否源于香港或源于在香港经营的任何行业、专业或业务所得。

二、确定利润来源的法定条文和实施守则

（一）《税务条例》的规定

《税务条例》确定利润的规定有：

（1）在香港赚取或获得的利润。

（2）包括在本港经营业务所获得的一切利润，不论是否直接或经由代理取得的。

（二）税务实施守则

香港《税务条例》在如何确定利润来源的问题上，除上述两条外，没有给出更为详尽的规定和解释。香港税务局通过制定和修订实施守则的方法对利润来源的确定予以明确。在实施守则中，确定了贸易利润来源地，租赁及出售不动产的利润，出售上市及非上市投资的利润，出售或采购佣金、服务费收入等利润的来源地。

（1）贸易利润来源地指买卖合约订立的地方。如果买卖合约是在香港之外订立的，则该项买卖所获得的全部利润都不用课税；如果买卖合约是在香港订立的，则该项买卖所获得的全部利润都应课税；如果购买或销售合约有一个是在香港订立的，则所获得的全部利润都应课税；如果货物或商品是卖给香港客户的，则销货合约一般被认为在香港订立；如果货物或商品由香港公司向香港制造商或供货商购入，则购买合约一般被认为在香港订立。

（2）制造生产来源地。如果在香港生产某种货物，则销售这种货物产生的利润，应全部课税。如果生产货物的部分工序在香港之外进行，则在香港之外生产而产生部分利润不被认为源于香港，无须课税。

（3）不动产租金收入或者出售不动产所得利润的来源地是物业所在地。

（4）买卖上市股票所得的利润的来源地是达成有关股票交易的证券交易所的所在地。

（5）出售在港外发行及非上市的证券的利润的来源地是买卖合约生效的地方。

（6）服务费收入的来源地是导致获取服务收费的服务进行的地点。

第四节　利得税的减免及扣除项目规定

一、减免规定

（一）豁免溢利

根据《税务条例》规定，以下各项均不属于征税范围的利润，在计算调整利润时，应予以扣除。

（1）非来自或源于在香港赚取或获得的利润。

（2）资本性收入或利润。

（3）1998 年 6 月 22 日及之后，存放在香港任何机构的各种货币存款所赚取的利息，但此豁免不适用于财务机构收取或累算的利息。

（4）由应征利得税的公司所派发的公司股息。

（5）储税券的利息。

（6）与该项入息有关的利得税已由其他人士缴纳。

（7）若干政府债券（由政府根据借款条例发行债券）的利息；出售、转让、到期购回或承兑若干政府债券的收益；外汇基金债务票据的利息或利润；若干多边债券的利息或利润；若干透过合资格集体投资工具所收获应计的收入及利润；来自外汇及期货合约的收益或利润、利息。

（8）股份借贷安排下不属于应评税利润的部分。

（9）支付或拨入服务公司或信托的款项，而获取或拨出款项的对方是以个人名义赚取相关的款项的。

（二）其他减免

从香港发行的债务票据所获得的利润或利息收入以及业务在保险公司的离岸业务所得，其税率减半。

此类债务票据必须由金融管理专员所营办的债务工具中央结算系统托管和结算；具有获金融管理专员承认的信贷评级机构所给予的并可获金融管理专员接受的信贷评级。但符合以下条件的，财政司可在宪报借命令免除对发行人有关最低面额或信贷评级的要求：

（1）原来的到期期间不少于 5 年，如在 1999 年 4 月 1 日之前发行的最低面额为 50 万港元或等价外币。

（2）在 1999 年 4 月 1 日及之后发行，最低面额为 5 万港元或等值外币，并在香港向公众发行。

二、扣除项目规定

（一）可扣除项目

1. 可扣除额

纳税人在该课税年度的评税基期内，为赚取应评税利润而付出的各项开支费用，均可扣除。

（1）在符合规定下，为赚取应评税利润而借入任何金钱而以利息形式支付的款项及其他有关的开支（如法律费用、借款代理费、印花税等）。

（2）为赚取应评税利润而占用土地或建筑物而缴付的租金。

（3）在符合规定下所缴付的外地税项。

（4）为赚取应评税利润所导致的坏账或呆账。但先前就坏账或呆账而获免税的款项，如果评税基期内被追回，则须被视为利润的一部分，缴交利得税。

（5）用以修葺或修理以赚取应评税利润的楼宇设备、机械、工具、器具或物品方面所导致的开支。

（6）更换用以赚取应评税利润的任何工具、器具或物品方面的开支。

（7）用以赚取应评税利润所使用的商标或设计在注册方面的开支。

（8）用以赚取应评税利润所购买的专利权或任何技术权利的成本。

（9）向任何职业退休计划支付个别雇员薪酬 15% 以内的退休金供款或为其作出的准备。

（10）科学研究开支。

（11）支付给任何认可教育机构与有关行业的技术教育开支。

（12）商用楼宇因翻修的资本开支，可分 5 年等额扣除。

（13）购置用于制造业的机械及工业装置开支，以及购置计算机硬件及软件开支可获实时全部注销。

（14）捐款不少于 100 港元及不超过应评税利润 10% 给认可慈善机构。

2. 折旧免税额

折旧免税额是准许扣除购置资产所付出资本开支的法定途径。

（1）工业建筑物及构筑物的免税额：

①初期免税额：建造成本的 20%；

②每年免税额：建造成本的 4%；

③在拥有权终止时，则或给予“结余免税额”。

（2）商业建筑物及构筑物的重建免税额：

①每年免税额：建造成本的4%；

②在拥有权终止时，则或给予“结余免税额”或征收“结余课税”。

（3）机械及工业装置：

①初期免税额：资产成本的60%；

②每年免税额：按资本的递减价值计算。折旧率由税务委员会规定，分别是10%、20%及30%。每年免税额折旧率相同的资产，会列入同一“聚合组”内计算；

③如果纳税人结束业务，而该业务并无人继承，可或给予“结余免税额”。如果在任何年度，变卖一项或多项资产的收入，超过此等资产所属“聚合组”的合计递减价值，则须征收“结余课税”。

（二）不可扣除的开支或项目

纳税人在该课税年度的评税基期内，下列各项付出的开支费用，不可以扣除。

（1）家庭或私人开支，包括往返住所与营业地点的交通开支。

（2）任何非为产生应评税利润而支出的款项。

（3）资本性质的任何开支，或资本的任何亏损或撤回。

（4）用于改进方面的成本。

（5）根据保险计划或弥偿合约而可得回的款项。

（6）非为产生应评税利润而占用或使用楼宇的租金或其有关开支。

（7）根据《税务条例》缴纳的各种税款，但就支付雇员薪酬而缴付的薪俸税除外。

（8）向认可职业退休计划支付超过个别雇员薪酬15%的退休金供款部分，或为任何职业退休计划而准备的款项。

（9）支付的东主的配偶、合伙人或其配偶（如属合伙业务）的薪酬或其他报酬，及其所提供的资本或借款的利息。

三、亏损的税务处理

纳税人在发生亏损时，个别人士、公司或合伙营业人可采用不同的方法进行处理。

（1）个别人士发生亏损时，可在产生亏损的课税年度内的其他应课税收入来源中扣除；若仍有亏损的，可以将亏损无期限地结转，用来抵消未来的利润。

（2）不超过20个合伙人所组成的合伙营业中的个人成员，同样适用上述个别人士的规定，该个人成员可就分配的亏损，申请用个人入息课税办法评税，或将亏损结转，用来抵消在以后年度中从合伙营业分配获得的利润。

（3）公司或其他人士发生亏损时，可自动从该课税年度中的应纳利得税的其他来源的利润中扣除；若不能全数抵消，亏损可无期限结转，在以后抵消任何应纳利得税的未来利润。

第五节　利得税的计算

一、计算公式

利得税是以抵消了任何承上年亏损后的应评税利润，按适当的税率来计算的。

应评税利润 = 利润总额 − 各项可扣除项目 − 亏损

应纳税额 = 应评税利润 × 税率

二、应评税利润的确定

一般而言，应评税利润是根据公认的会计原则所得出来的利润，同时经调整以符合香港《税务条例》规定的要求。例如，会计原则和《税务条例》规定的折旧年限的差别；来源于香港以外的净利润的剔除；对于构成资本、收益支出和利润，会计原则和《税务条例》规定不同而进行的调整。同时，亏损可以无限期地结转。

在实际操作中，应评税利润依据《税务条例》规定对公司纯利或亏损作适当调整。方法如下：

按会计科目计算出来的纯利或亏损

加：核定入息或利润

　　不可扣除开支或项目

减：豁免入息或利润

　　可扣除开支或项目

折旧免税额

等于：应评税利润

三、特殊行业的应评税利润的确定

除了关于确定应评税利润的一般方法，香港《税务条例》规定了某些类型的业务确定利润来源的特殊方法，包括：

1. 人寿保险业应评税利润的确定

应评税利润确定的方法有两种：一是简略地计算所得的假设溢利。一般税务局每年均以从香港人寿保险业务所获的保险费的5%评税，但可以重新评审，根据保险公司的调整盈余加以调整。这种方法溢利较容易确定，因此常被采用。二是采用涉及保险统计办法的精算方法。

2. 其他保险业应评税利润的确定

其他保险业应评税利润确定的方法如下：

从香港非人寿保险业务获取的保险费总额

加：来自或源于香港的利息或其他收入

减：退还寿保人的保险费

相应的在保险费

账中未到期风险备用金的任何增额

回收后的实际亏损

本港代理的开支

有关该项业务的公司总部开支的合理部分

3. 居港船东、机主应评税利润的确定

居港船东是指通常在香港管理和控制的船舶所有企业和香港注册公司经营的船舶所有企业。

居港船东应评税利润为其世界范围内船运利润总额按一定比例计算而得，其公式为：

$$应评税利润 = 世界范围内船运利润总额 \times A/B$$

式中，A 为包括来自在香港运输的任何相关运费收入，在香港海域内从事托船业务而获取的收入或托船服务收入，船舶包租的租金收入。B 为世界范围内的全部收入。居港机主的应评税利润的确定与船舶业务大致相同，也是根据香港与全球利润比例的公式进行计算的。

4. 金融机构应评税利润的确定

金融机构应评税利润的确定与其他类型的公司不相同《税务条例》规定，任何金融机构因在香港经营业务而收取或获取的利息收益，即使是在香港以外地区提供信贷所取得的收入，都被视为来自或源自香港的收入。

四、非评税利润的费用分摊

（一）非税利润的费用

非税利润是指不需课税的入息，即非来自或源自香港赚取的入息。在计算利得税时，只有用以赚取应评税利润的开支、费用才能获得扣除，而赚取非税利润的开支、费用不允许扣除。

（二）非税利润费用分摊的规则

（1）直接因在香港以外赚取利润而付出的费用不予以扣除。

（2）如果费用一部分是为在香港产生利润而支付，另一部分为在香港以外赚取利润而支付，则在计算利得税时，把费用合理地分摊。一般的分摊方法有：以营业额为标准分摊；以利润为标准分摊；以雇员数目为标准分摊。

（3）当从事的专业、商业、行业活动包括赚取应评税利润的事务和进行投资时，除买卖股票外，在投资方面，为投资而支付的相关费用一般不予以扣除。

[例] A 公司2006 年4 月1 日至2007 年3 月31 日会计利润为3 850 万港元，其中收入：销售收入10 000 万港元（有500 万港元来自中国内地），租金收入480 万港元，出售厂房盈利200 万港元，银行利息收入60 万港元（有40 万港元于2006 年6 月22 日后收取）。支出：生产成本5 000 万港元（有250 万港元为中国内地销售而支出），工资1 000 万港元，捐款于认可慈善机构90 万港元，租金200 万港元（有100 万港元为支付董事住房费），利息支出200 万港元（认可的50 万港元），折旧400 万港元（税务局认可的折旧免税额为100 万港元）。请计算A 公司应纳利得税。税率16.5%。

解：应评税利润 = 会计利润 - 免税收入 + 不可扣除项目

= 3 850 -（200 + 500 + 40）+（250 + 90 + 100 + 150 + 300）

= 4 000（万港元）

应纳利得税 = 4 000 × 17.5%

= 700（万港元）

第六节　利得税的征收管理

一、利得税的评税基期

评税基期是确定利润所属年度或某年度应实现利润的基本日期，一般表现为课税年度。在香港，课税年度内的应评税利润，一般是以该课税年度内的利润为基础。而课税年度的确定，一般又是以会计年度为依据的，但会计年度与课税年度有时会发生不一致的情况。

当会计年度与课税年度起始时期相同时，通常为年度的 4 月 1 日起至次年 3 月 31 日止，两者体现的业务盈亏和责权是一致的。如果会计年度不是以 3 月 31 日为结束日的，应以在该课税年度内结算的会计年度的利润为依据。会计年度与课税年度的对应关系为：

（1）至 1997 年 4 月 1 日止的会计年度为 1997/1998 课税年度。

（2）至 1997 年 12 月 31 日止的会计年度为 1997/1998 课税年度。

（3）至 1998 年 2 月 28 日止的会计年度为 1998/1999 课税年度。

（4）至 1998 年 4 月 1 日止的会计年度为 1998/1999 课税年度。

如果属新开业务，倘有关期间的账目尚未制备，则可依照该期间账目的分摊利润来计算出应评税利润。

二、利得税评税的主要程序

一般来说，利得税评税的内容主要包括：

（1）税务局以初步评估的数额向纳税人发出暂缴利得税评税通知。

（2）收到纳税人的报税表后，再以确实数额发出最后利得税评税通知。

（3）在最后评税中扣除纳税人已缴纳的该课税年度的暂缴利得税。

（4）作出利得税的平纳即通知执行。

三、利得税的缴纳

利得税实行暂缴税征收制度，正常缴款期限为 11 月至 1 月期间。

税务局长对纳税人应缴税款评估后，发出评税通知书及订定缴交税款的期限。利得税分两期缴交，第一期缴纳税款为总额的 75%，大约 3 个月后再清缴余下的 25%。纳税人延期缴纳税款的，税务局长可就两期税款额征收附加费，并可在较早时间征收。

由于暂缴利得税带有估计的因素，因此纳税人可申请经税务局批准暂缓缴纳部分或全部税款。根据符合税务局规定或可获得税务局认可的适当理由，纳税人在缴款期限 28 天前或不迟于缴税通知书发出日后 14 天内，以书面提出申请，向税务局提出暂缓缴税。

当某个课税年度的最后评税发出时，已缴纳的该课税年度暂缴利得税可从最后应缴税款中扣除。如果该课税年度已缴纳的暂缴利得税超出该课税年度最后应缴税款时，不退还多出的差额，而是从下一个课税年度第一期暂缴利得税中扣除，再从第二期应缴税款中扣除，最后仍多缴的款额才会得到退还。

第五章　个人入息课税 (Personal Assessment)

个人入息税不是一个单独的税种或税项，而是一种个人所得课税中的特殊的计算方法。纳税人可以就个人所得的入息，按分项所得计算税款缴纳，也可以汇总计算缴纳，从而选择最佳的计税方式以减轻其税务负担。

通过本章读者可以了解：个人入息课税的含义、个人入息课税应用的范围和方法、个人入息总额的计算。

第一节　个人入息课税概述

一、个人入息课税的含义

《税务条例》规定，在每个课税年度内征收 3 种不同的直接税，包括利得税、薪俸税和物业税。香港对这 3 种税分别征收，可实行个人收入汇总课税制，将应征税的总收入计征税款。但《税务条例》又规定，在香港居住的人士可选择个人入息的课税方法计税。

个人入息课税是将个人的总入息汇总起来进行计税。在某些特定的情况下，选择个人入息课税方法计税可以减轻纳税人的税务负担。

二、个人入息课税的应用范围

在某些特定的情况，选择个人入息课税的方法可以避免多缴税。在以下情况下，纳税人可选择个人入息课税：

（1）有若干利息支出费用，只有在选择个人入息时才能获得扣减。

（2）纳税人有几种收入来源，而按利得税征税会发生亏损。

（3）可按低于标准税率的最低税率缴纳薪俸税并有应征利得税、利息税或物业税的一种收入。

（4）当纳税人有几种收入来源，薪俸税的入息小于个人免税额，而薪俸、物业、利得的总入息大于个人免税额时。

（5）有不超过按薪俸税或利得税应征税收入10%的慈善性捐赠，并有就缴物业税的入息来源。

第二节　个人入息课税的选择

一、选择个人入息课税纳税人的条件

选择个人入息课税的纳税人是有条件限制的，只有同时符合下列条件者，才能选择个人入息课税。

（1）该名个人必须年满18周岁或以上，或未满18周岁而父母双亡。

（2）该名个人为香港永久性居民或临时居民，或如属已婚，其配偶为香港永久性居民或临时居民。

"永久性居民"是指通常居住于香港的人士。

"临时居民"是指该人在作出选择的课税年度内，在香港一次或多次期间逗留总共超过180天，或在两个连续的课税年度（其中一个是作出选择的课税年度）内，在香港一次或多次期间逗留总共超过300天。

二、选择个人入息课税的期限

选择以个人入息课税方法计税的申请，必须在有关课税年度终结后2年内，或在该课税年度构成个人入息总额一部分的有关入息或利润发生评税2个月内，以书面形式提出。

两项期限以较后者为准。

第三节　个人入息课税的计算

一、个人入息总额

个人入息总额为汇总各种税项的应课税收入，扣除只有在选择个人课税情况下才能扣减的利息支出，然后再减去慈善捐赠及根据利得税规定可免税的亏损额，其公式为：

入息总额＝（应课物业税入息＋应课薪俸税入息＋应课利得税入息－利息支出）－利得税亏损额－慈善捐款

其中：

(1) 应课物业税入息为个人在物业税范围内的应评税值。

(2) 应课薪俸税入息为薪俸税的应评税入息实额。

(3) 应课利得税入息为扣除以前年度亏损后的应课利得税收。若在该课税年度发生亏损时，在计算入息总额时将之视为“零”，在以后的税款计算过程中才予扣除。

(4) 利息支出是指只有在选择个人入息课税时才能扣除的为产生物业税应评税溢利的借款利息，包括为购买、增建或修理已出租物业的借款利息。这类利息若根据物业税条例不予扣减，只有在个人入息课税时可以扣减，但其扣减数额不能超过物业税的应评税溢利。

(5) 利得税亏损是指在课税年度内计算利得税时，该个别人士所承受或分担的亏损。

(6) 慈善捐款是指个别人士及其配偶捐款超过 100 港元，而且未计入应课利得税入息时，则可以获得扣除，但扣除额不超过未扣除此类捐款前但已扣除利息支出后的入息总额的 10%。

二、个人免税额

香港《税务条例》规定，在采用个人入息课税时可从个人入息总额中扣除个人免税额，在某些情况下，个人免税额也适用于薪俸税的计算。

个人免税额包括基本免税额和供养家属免税额两种类型。

2008/2009 年度的免税额如下（单位：港元）：

（一）基本免税额

个人基本免税额：

纳税人本身	108 000
已婚纳税人	216 000
单亲免税额	108 000

（二）供养家属免税额

子女免税额：

第 1 名子女	50 000
第 2 名子女	40 000
第 3 ~9 名子女（每名计算）	40 000

额外免税额：

供养父母免税额（每位计算）（60 周岁以上或有资格领伤残津贴） 30 000

额外父母免税额（与纳税人同住，每位计） 30 000

供养祖父母免税额 30 000

额外祖父母免税额 30 000

供养兄弟姐妹免税额 30 000

供养父母/祖父母免税额（55 周岁以上但未满 60 周岁） 15 000

伤残受养人免税额 60 000

[例]

夫妇入息人士①	单位：港元
妻子：应课税薪俸税收入	180 000
丈夫：应课利得税收入	150 000
应课物业税收入②	130 000
个人总应课税收入	460 000

（A）选择个人入息课税

	入息额	税率	税款
最初	40 000	2%	800
其次	40 000	7%	2 800
再次	40 000	12%	4 800
余额	24 000	17%	4 080

（B）不选择个人入息课税

入息额	税率	税款
应课薪俸税收入（按累进税率）		
		0
应课利得税收入（按累进税率）		
150 000	15%	22 500
应课物业税收入（按标准税率）		
130 000	15%	19 500

采用个人入息课税计算方法下，该纳税人应纳税额 = 800 + 2 800 + 4 800 + 4 080 = 12 480（港元）

若不采用个人入息课税计算方法，则该纳税人应纳税额 = 22 500 + 19 500 = 42 000（港元）

① 已婚人士免税额不得超过应课薪俸收入。

② 指在个人入息课税情况下才可扣除物业利息。

第六章　遗产税（Estate Duty）

香港于1915年正式制定了《遗产税条例》，它是以英国1894年的遗产税为蓝本的。遗产税属于财产税范畴，对遗产进行课征，有利于调节社会财富分配。遗产税开征在中国内地也是热点话题之一，香港遗产税的状况的介绍，对内地有一定的借鉴意义。

为配合政府政策，遗产税已于《2005年收入（取消遗产税）条例》正式生效日（即2006年2月21日）取消。任何在该日后去世人士的遗产均可完全豁免计征遗产税。此外，在2005年7月15日或之后至2006年2月11日前期间去世人士，如果其遗产基本价值逾7 500 000港元，也只会被征收100港元的象征性税款。值得注意的是，上述变动是透过修订（而不是废除）《遗产税条例》而作出。因此，在2005年7月15日前去世人士的遗产仍然需要按照渐进税计征遗产税。由于部分这些人士的遗产至本文编撰日仍未完成处理，故本书将继续保留下文有关遗产税的讨论。但除有特别注明外，本章的讨论只涉及在2005年7月15日前去世人士适用的条例。

通过本章读者可以了解：遗产税的概念、遗产税的纳税人、征税范围、减免规定、税率和税额计算等。

第一节　遗产税概述

香港《遗产税条例》于1915年开始制定，它是以英国1894年的遗产税为蓝本的，故部分采用英国税法语言。现行《遗产税条例》是在1932年编订的修正版基础上，不断地修改、完善而成的。

第二节　遗产税的纳税人和征税范围

一、纳税人

香港遗产税只对遗嘱执行人转让财产的管理人和受益人，就其所接受的香港或位于香港的财产征收。即遗产税的纳税人是遗嘱的执行人和转让财产的管理人或受益人。

遗嘱执行人有义务于死者逝世后6个月内，递交报遗产宣誓书，并缴付遗产税。如未立下遗嘱，下列人士按其优先次序申办遗产承办书：

（1）配偶。

（2）死者子女。

（3）死者父母。

（4）死者兄弟姐妹。

如果财产于死者去世前已易手，其遗嘱执行人却非相关的遗产税负责人，该财产的实际受益人应缴付该税款。

二、征税范围

香港遗产税征收范围涉及面广泛，凡是死者遗留下的一切财产，除规定准予豁免者外，均应征税。

财产包括土地或楼宇、金钱、股票、商誉、权力、专利、契约利益、索偿权利等，但不在香港的财产不需征税。遗产税征税范围具体如下：

（1）任何在该死亡人士去世时具有法定资格支配的财产。

（2）财产为当事人拥有，后来转予他人共同拥有，致使财产在当事人于死亡后转给生存者的。

（3）由于该死亡人士是因为即将逝世而捐赠的款项或馈赠；未在死亡前3年执行妥当的；属于公共或慈善性质但不是死亡前1年进行的。

（4）财产根据该死亡人士所订立的财产授予文件授予他人，而该文件有明示或暗示无遗嘱效力且财产权益仍为立件人在世时保有的。

（5）任何由该死亡人士所购买或提供的年金、死亡保险权益或类似权益。

（6）死亡人士死亡时应收的任何由本港人士所欠的债务或欠款，均被视为死者的财产处理。

（7）将财产转让给受死者本人控制的公司。

（8）除有明文规定免税以外的任何人受保险权益。

第三节　遗产税的税收优惠

一、豁免遗产

（1）在香港以外地方的财产。

（2）为香港的利益捐赠予任何认可慈善机构或捐赠予香港特别行政区政府、市政局或区域市政局作慈善用途。

（3）任何透过认可职业退休计划因死者去世而遗留下的退休金、养老金、退休酬金或其他类似的利益（包括任何有关的权利或资格）。

（4）由根据就死者的受命订立的保险单所得利益而构成的财产。

（5）在死者去世前 3 年的任何时间内，死者以受托人身份持有而并不拥有任何实际权益的财产。

（6）如果死者于 1994 年 4 月 1 日或之后去世，就其在香港所花的殓葬开支实额最多可获得 5 万港元的豁免。

（7）死者生前所赠的结婚礼物，即由正常开支支付的礼品馈赠，及给予每一个赠予人士的礼物而总额不超过 20 万港元者。

（8）死者所拥有及自住的住所，及为他与配偶居住的婚姻住所，并由该人士遗下与其配偶者：

①死者所拥有及仅作其自住用的住宅；

②死者与配偶的婚姻住所；

③该财产是死者经遗嘱赠与其配偶，获该财产是以其他方式遗下予配偶，或为配偶的利益而遗下的。

二、其他宽减

（1）如果死者所遗下的财产或生意已在 5 年内缴付过遗产税，而承受该财产的人士亦告逝世，则可按时间比例宽减。次名死者于首名死者逝世 1 年内身亡的，可减低 50%；2 内 40%；3 年内 30%；4 年内 20%；5 年内 10%。

（2）如果配偶任何一方逝世时已缴付任何赠与财产的税款，而后来另一方逝世时，则该财产便无须再缴付任何税款。

（3）若遗产总价值略高于某一税率适用的最高限额，而令税款大大增加，则可按宽减税率计算。即可按超过较低一级税率计算而得的税率，加上遗产总值与低一级顶点的总值差额。

第四节 遗产税的税率和税额计算

一、税率

遗产税是按全额累进税率征收的，如果死者是在1998年4月1日或之后死亡的，适用的税率见表1－4。

表1－4 遗产税的税率

遗产总值（港元）	税率
7 500 000 以下	—
7 500 000 ～ 9 000 000	5%
9 000 000 ～ 10 500 000	10%
10 500 000 以上	15%

二、税额计算

遗产税根据总遗产额扣除葬仪费及被继承人的债务等之后的纯遗产额按适用税率计算。

（一）总遗产额

总遗产额指按被继承人死亡时的实价核定的死亡时归其所有的在香港的全部财产总额。

在计算遗产总额时，上述全部财产应加上在被继承人死亡时拥有处理权的财产；被继承人在死亡前3年内非慈善性赠与等。

（二）纯遗产额

从遗产额中扣除葬仪费、被继承人的债务、所得税及其他各税之后的金额为纯遗产额。

（三）应纳税额

应纳税额＝纯遗产额×税率

［例］A 先生遗有遗产 9 200 000 港元，支付 A 先生葬仪费、债务共 100 000港元，请计算 A 先生的继承人应缴纳的遗产税。

解：总遗产额＝9 200 000（港元）

纯遗产额＝9 200 000 － 100 000

＝9 100 000（港元）

惯常计法：

应纳税额＝9 100 000×10%＝910 000（港元）

宽减计法：

应纳税额＝9 000 000 ×5%＋（9 100 000 － 9 000 000）

＝550 000（港元）

两者以较低者为准，即 A 先生的继承人应缴纳的遗产税为550 000 港元。

第五节　遗产税的征收管理

一、征收与缴纳

（1）若遗产总值超过免税上限，遗嘱执行人（受益人亦可）于死者逝世后 6 个月内提交死者的死亡证，死者的遗嘱和遗产宣誓书及财产附表。

（2）在遗产税署已确定遗产的总额（包括死者本人名下遗产、联名物业、馈赠等），会向申请人或须缴税人士发出评税证明书通知有关遗产税及利息结余。

（3）某些价值不超过 400 000 港元的小额遗产可根据简化程序申报。除特别情况外，继承小额遗产的遗嘱执行人或申请人只需在遗产税署填妥“遗产简易呈报表”。在绝大部分情况下，申请人会在 6 个星期内获一份豁免遗产税证明书，以及一封正式函件，明确告知申请人下一步须处理的事项。不过，这些简化程序不适用于涉及土地权益、业务权益、股票（在香港联合交易所上市的股票除外）或准备进行诉讼的遗产。

（4）少于 150 000 港元的小额遗产会有不同的处理程序。申请人应向遗产管理官查询遗产承办处是否会非正式管理该份遗产。不过，该等简化程序不适用于包括任何业务或土地权益的遗产。

二、主要罚则

（1）遗产纳税人如果没有如期缴付税款，应付额外利息。死者逝世后最初6个月，年息4%；其后，年息8%。延误呈交遗产宣誓书（即于死者逝世后一年才提交），除非有合理解释，遗产会以双倍税率计算。

（2）任何人士如擅自处理死者的遗产（即未先行向遗产税署署长递交有关遗产申报誓章/遗产呈报表，而占有或以任何方式管理死者遗产的任何部分），可被处10 000港元罚款，另加罚相当于死者遗下的全部财产所应缴税款3倍的罚款 。

三、反对及上诉

（1）任何人士接获评税后，可根据下列理由于该评税发出日起3个月内，向高等法院提出上诉：

①该人并非应须缴税的人士。

②该人不同意任何财产的估值。

③该人不同意征收税款的税率。

（2）如果引起争议的财产价值超过200 000港元，上诉须在地方法院进行。

第七章 差饷（Rates）

差饷也是香港税制的主要税种之一，是对楼宇或物业征收的一种间接税。它早期称为警捐，用来维持警政费用开支，后来改称为房地捐，向房地产征收。现行的差饷是根据预计物业每年的合理租值征收的。

通过本章读者可以了解：差饷的概念、差饷的纳税人、征税范围、税率和计算等。

第一节 差饷概述

差饷始征于1845年，开始时称作警捐，用以维持警政费用，按商户派捐，后来改为按房地产征收，且不限于商户，也叫房地捐。现行的差饷是根据预计物业每年可得的合理租值来征收的。1987年政府的差饷物业估价署按照1986年10月1日的市场租金水平，对应征差饷租值进行了全面的检讨和评估，并于1988年4月1日起开始使用修订后的应征差饷租值。

差饷收入的主要用途有两个：一部分援作政府的一般收入，另一部分则援给市政府使用。

第二节 差饷的纳税人和征税范围

一、纳税人

差饷是对楼宇或物业征收的一种税，它的纳税人是楼宇或物业等不动产的所有者。如果该楼宇或物业出租则向租用者征税；如果是所有者缴纳的，所有者可向租用者索回。

二、征税范围

凡是位于香港的楼宇或物业等不动产，不论其是否出租，都应缴纳差饷，很少有楼宇或物业能豁免差饷。教育、慈善和福利机构的楼宇，如果是用于推广某项当局认可的目标或政策的，政府在差饷方面会给予一定的资助。空置的住宅楼宇已缴纳的差饷不被退还，但空置的非住宅楼宇已缴纳的差饷则可被退还半数。

第三节　差饷的税率和税额计算

一、税率

差饷的税率呈现逐年降低的趋势，2007/2008 年度差饷的税率见表1－5。

表 1－5　差饷税率表

市政局辖区香港及九龙（包括新九龙）	区域市政局辖区
一般差饷：2.4%	新界一般差饷：0.8%
市政局差饷：2.6%	区域市政局差饷：4.2%
合计：5%	合计：5%

二、税额的计算

应缴纳差饷的税额是根据估定应课差饷租值按规定的税率计算的，其公式为：

应纳差饷＝应课差饷租值 × 税率

应课差饷租值由香港差饷物价署按照楼宇或物业全年的租金合理估定，每年估算 1 次。楼宇或物业的估价按差饷评价法的规定办理。应课差饷租值基本上是楼宇（或物业）现行租值的反映。如果纳税人对评估的价额有异议时，可在公布后 21 天内，向地方法院以书面形式申请复议。

第四节　差饷的征收管理

差饷按季征收，一年分 4 次在每季第 1 个月的月底前缴纳。不按期缴纳的，在差饷额上加征罚款 5%；如果 6 个月内仍未缴清的，在总数上再加征 10% 的罚款。

第八章　印花税 *(Stamp Duty)*

香港的印花税是仿照英国的税法，区别文件的种类以固定税额或从价税率征收的一种税。1978 年 3 月以后，印花税缩小了征税范围，只对与三种交易行为有关的各类文件征税。但是印花税条例在《税务条例》中所占的篇幅较大，仅次于利得税和遗产税条例。

通过本章读者可以了解：印花税的概念、印花税的纳税人、征税范围、税率、税额计算、税款的征收管理等。

第一节　印花税概述

印花税是指对与房地产转让、租约和证券转让这三项交易有关的各类文书征收的一种税。过去，凡是支票、汇票、债券、保险单、借记单据、提货凭单、外汇买卖合同及房地产转让、租约、股票成交单、抵押证券及保险证券等有关契约证书等，都须缴纳印花税。1987 年 3 月后，规定只有与房地产转让、租约和证券转让这三项交易有关的各类文书才须缴税。

第二节　印花税的纳税人和征税范围

一、纳税人

印花税的纳税人通常是签订证件、文件的人士。依文书的类型不同可具体分为如下几类：

（一）售卖转易契

纳税人为所有买卖各方以及所有其他签立人。

（二）住宅物业买卖协议

纳税人为所有买卖各方以及所有其他签立人。

（三）租约

纳税人为所有买卖各方以及所有其他签立人。

（四）香港证券的转让

（1）售卖或购买任何香港证券的成交单据：纳税人为代理人，如无代理人，则为完成该项售卖或购买的主事人。

（2）任何其他种类的转让书：纳税人为转让人及承转人。

二、征税范围

凡是与房地产转让、租约和证券转让这三项交易有关的各类文书，都应缴纳印花税。主要包括：

（1）售卖转易契。

（2）住宅物业买卖协议。

（3）不动产租约。

（4）香港证券转让书。

第三节　印花税的税收优惠

按税法规定，以下文书可无需征收印花税：

（1）于1942年11月26日至1945年9月1日期间（即日军占据期间）根据日本人在香港执行的印花规例已加盖适当印花的所有交易文书，该文书须由土地注册处处长核证。

（2）将物业授予政府或公职人员范畴的所有受卖转易契。公职人员法团指以下任何一个法团：

①财政司法团；

②教育署署长法团；

③社会福利署署长法团；

④政务司法团。

（3）所有政府批地合约、所有政府租契以及所有该等批地合约或政府租契的退回书。

（4）香港房屋委员会为施行《房屋税条例》而签立的所有文书。

（5）前市政局及区域市政局为施行《市政局条例》和前区域市政局为施行《区域市政局条例》而签立的所有文书。

（6）根据《破产条例》或《公司条例》获豁免的所有文书。

（7）将获豁免处所授予获豁免人的所有受卖转易契、租约或租约协议。获豁免处所则指已获政务司司长豁免而发出证明书的处所，包括领事馆、红十字国际委员会等。获豁免人士指获政务司司长豁免而发出证明书的人，如任何外交代表或领事馆官员。

此外，凡由获豁免人或代表获豁免人行事的人与另一人订立有关获豁免处所的每份租约或租约协议，均须载有一项规定，即该另一人承诺缴付该份文书可予征收的印花税的50%。

（8）如凭借中央人民政府、香港特区政府、公职人员法团或公职人员身份行事均无需负担法律责任缴付任何文书可予征收的印花税。该份文书如果呈交署长加盖印花，则无须予以征收印花税。但此豁免不适用于以下列身份行事的公职人员，包括遗产管理员、破产管理员、官方受托人或依据任何法庭的任何命令行事的公职人员。

此外，凡由中央人民政府或代表中央人民政府行事的任何人，或公职人员法团，与另一方订定的有关其他租约或租约协议等每份文书，须载有一项规定，即另一方承诺缴付该份文书可予以征收的印花税的50%。

（9）任何不动产的转易契获任何香港证券转让书，如果其作用是作出生者之间的无偿产权处置，而该不动产或证券的权益是以馈赠方式由其登记拥有人转让给获豁免机构，或以信托方式转移给获豁免机构者，均无须征收规定的印花税。获豁免机构是指获豁免缴税的慈善机构或属公共性质的信托。

除了一些反避税条例规定外，将不动产的实益权益或香港股票的实益权益，从一个相关法人团体转移或转让至另一个相关法人团体的有关文件，可获印花税豁免。

当两个法人团体的其中一个人拥有另一个法人团体的发行股本，而该等发行股本不少于全部发行股本的90%；或者有第三个法人团体同时拥有该两个法人团体不少于90%的已发行股本，则有关的法人团体均属相联关系。

（10）延交或豁免住宅物业交易印花税：

下述措施适用于1999年4月1日或之后所签立的应缴印花税买卖协议：

①所有应缴印花税买卖协议仍须在签立日期后30天内加盖印花。但任

何人士如果符合法定条件的话，可申请延期缴交印花税至根据合约签立楼契或至物业转售（视情况而定）为止，最长可延至合约签立日期之后3 年。

②在 1999 年 4 月 1 日或以后所签立的买卖协议，如果不是由于协议的买方将物业转售（包括应买方的提名转名等）而被取消的话，将不需缴付印花税。纳税人可在交易取消后 2 年内向印花税署署长申请退回已付的印花税。

第四节　印花税的税率和税额计算

一、税率

（一）坐落香港的不动产买卖或转让

见表 1 – 6、表 1 – 7。

表 1 – 6　印花税的税率（1）

代价款额或价值（港元）	税率
1 000 000 以下	100
1 000 000 ～ 1 080 000	100 ＋逾 1 000 000 的款额的 10%
1 080 000 ～ 2 000 000	0.75%
2 000 000 ～ 2 176 470	15 000 ＋逾 2 000 000 的款额的 10%
2 176 470 ～ 3 000 000	1.5%
3 000 000 ～ 3 290 320	45 000 ＋逾 3 000 000 的款额的 10%
3 290 320 ～ 4 000 000	2.25%
4 000 000 ～ 4 428 570	90 000 ＋逾 4 000 000 的款额的 10%
4 428 570 ～ 6 000 000	3%
6 000 000 ～6 720 000	180 000 ＋ 逾 6 000 000 的款额的 10%
6 720 000 以上	3.75%

注：2007/2008 年 100 万元至 200 万元物业的买卖印花税，由现时按物业价值 0.7% 的税率征收，调低至定额 100 元。

表1－7 印花税的税率（2）

代价款额或价值（港元）		税率
逾	不逾	
	2 000 000	100
2 000 000	2 351 760	100＋ 逾2 000 000的款额的10%
2 351 760	3 000 000	1.5%
3 000 000	3 290 320	45 000＋ 逾3 000 000的款额的10%
3 290 320	4 000 000	2.25%
4 000 000	4 428 570	90 000＋ 逾4 000 000的款额的10%
4 428 570	6 000 000	3%
6 000 000	6 720 000	180 000＋ 逾6 000 000的款额的10%
6 720 000		3.75%

注：

（1）自1999年4月1日开始，物业转让印花税将根据代价款额或价值的确实金额计算，而非用以往调高至最接近的100港元后才计算的方式。

（2）自1992年1月31日开始，住宅物业买卖协议须按与转让不动产相同的税率缴付印花税。在买卖协议按上述规定加盖印花后，有关的物业转易契只需缴付统一的100港元印花税。

（二）坐落香港的不动产租约

见表1－8。

表1－8 不动产租约税率

年期	税率
无指定租期或租期不固定	年租或平均年租的0.25%
1年以下	租期内须缴租金总额的0.25%
1～3年	年租或平均年租的0.5%
3年以上	年租或平均年租的1%

（三）香港证券的转让

见表 1－9。

表 1－9　证券转让税率

文件性质	税率
售卖或购买任何香港证券的成交单据	每张售卖或购买单据所载的代价款额或价值的 0.125%（0.1%）
无偿产权处置转让书	转让证券价值的 0.25% 另加转让证券价值的 0.2%
任何其他种类的转让书	5 港元

（四）香港无记名票据

发行任何香港无记名票据，须付其市场价值 3% 的印花税。

二、税额计算

印花税是各类文书所载价值、价款或租约的租金，按固定税额或比例税率征收。

1. 不动产买卖或转让

［例］A 先生拥有一屋楼宇及两幢楼房物业，其中一幢商业楼宇，并决定转让给甲公司，双方签订买卖合约，同意以 10 000 000 港元作为转让价值。而另一屋为住宅楼宇，于 1999 年 6 月 2 日，出租予一租客，并与租客签订 3 年租约，A 先生每月取得租金收入 6 000 港元。请计算 A 先生应缴纳的印花税。

解：转让楼房：10 000 000 × 3.75% = 375 000（港元）

租约：6 000 × 12 × 0.5% = 360（港元）

应纳税款 = 375 000 + 360

= 375 360（港元）

2. 股票买卖

［例］甲持有 4 000 股可转让的银行股票，并在 1999 年 1 月 1 日出售，当时市场价值为每股 100 港元，请计算甲就该买卖须缴纳的税款。

解：应纳税款 = 100 × 4 000 × 0.125%

= 500（港元）

第五节 印花税的征收管理

一、征收管理

（1）除转让文书可利用持牌印花盖印机加盖印花外，所有可予征收印花税的文件必须提交印花税署加盖印花。

（2）缴纳人士可亲自将文件交往印花税署加盖印花。另外，也可将文件寄往印花税署。

如果以邮寄递交，税务局在评定文件后会通知缴纳人士应缴付的印花税款。在收到汇款后，税务局会在收到印花税款后 7 个工作日内将文件加盖印花，并以挂号邮件寄回给缴纳人士。

如果有关文件属载有一般条款的租约，缴纳人士可自行计算应缴的印花税款，并将该租约连同注明支付“香港特别行政区政府”的划线支票一并寄回印花税署，以加快处理加盖印花的程序。

如果征收文件的正本已经缴付印花税，缴纳印花税的文件复制本或副本，只需缴付 5 港元的印花税。

二、缴纳时间

各类文件加盖印花的期限如下：

（1）物业售卖转易契（包括送让契约）：加盖印花期限为签立后的 30 天内。

（2）住宅物业买卖协议：除非印花税条例另有规定加印时限为有关日期（指该协议签立日期，或者如果各方事前以相同条款订立一项或多项协议，则以第一份协议签立日期为准）后的 30 天内。

（3）租约：加盖印花期限为签立后的 30 天。

（4）买卖香港证券成交单据：加盖印花期限为成交后的 2 天内。

（5）香港证券转让文书（不包括馈赠）：加盖印花期限为签立前。

三、主要罚则

如果一须课征印花税的文书没有在指定加盖印花的期限之前或之内加盖印花，印花税署署长在收到印花税款后可为该文书加盖印花，并按下列罚则征收罚款：

（1）逾期加盖印花时间，不超过1个月的，处印花税款额2倍的罚款。

（2）超过1个月但不超过2个月的，处印花税款额4倍的罚款。

（3）在其他情形下，处印花税款额10倍的罚款。

第九章　应课税品税
(Dutiable Commodities Tax)

香港是自由港，不征收关税，对货物的进出口和转口均无限制。除法律特别规定外，一般不征收关税，只对酒类、烟草、烃油、甲醇4种货物输入香港和香港生产供港内消费的，征收应课税品税，相当于中国内地的消费税（台湾的消费税）。

通过本章读者可以了解：应课税品税的概念、纳税人、征税范围、税率和税额计算、税款的征收管理等。

第一节　应课税品税概述

应课税品税是指对进口或在香港生产供港内消费，按《应课税品条例》规定对货品征收的一种税。它是对特定商品消费的一个税项，在香港又称货品税，相当于中国内地的消费税。

《应课税品条例》是1963年公布实施的税收条例，制定此条例的目的在于修订有关酒类、烟草、烃油、甲醇及其他物质的课税及管制法例，以便对某些经营酒类等的牌照发放和有关事宜加以规定，香港当局曾于1985/1986年度开始征收酒精饮品及化妆品税，但已于1992、1993年度先后取消。

第二节　应课税品税的纳税人和征税范围

一、纳税人

应课税品税的纳税人是进口和制造应税产品的人。

二、征税范围

应课税品税共有4组应税品，具体如下：

（1）酒类。

（2）烟草。

（3）烃油。

（4）甲醇。

第三节　应课税品税的税率和税额计算

一、税率

1997/1999年应课税品税的具体应税品适用税率见表1－10。

1. 酒税

（1）以下各种酒类须按所列的税率缴税，税率以价值的百分率表示。见表1－10。

表1－10　酒税

酒类	税率
在摄氏20度的温度下量度所得酒精浓度以量计多于30%的酒类	100%
在摄氏20度的温度下量度所得酒精浓度以量计不多于30%的酒类，葡萄酒除外	20%
葡萄酒	40%

（2）如果无可用数据或数据不足，使关长（或关长为评定须缴税款而授权的任何人员）无法厘定在任何时间以一批托运的形式进口而分量少于12升的酒类的价值，则它可按每升160港元的税率评定该批酒类的须缴税款。

2. 烟草税

（1）烟草须按下列税率缴税，见表1－11。

表 1－11　烟草　　　　**单位：港元**

烟草	税率
每 1 000 支香烟	804
雪茄	每公斤 1 035
中国熟烟	每公斤 197
所有其他制成烟草，用作制造香烟者除外	

（2）任何长逾 90 毫米（不包括任何滤嘴或烟嘴口）的香烟，每增加 90 毫米或不足 90 毫米即属另一支香烟一样征税。

3. 烃油税

（1）除另有规定外，烃油须按下列每升税率缴税。见表 1－12。

表 1－12　烃油税　　　　**单位：港元**

烃油	税率
飞机燃油	6.51
轻质柴油	2.89
汽油（含铅汽油）	6.82
汽油（无铅汽油）	6.06

（2）超低含硫量的柴油，由 2000 年 7 月 7 日至 2008 年 12 月 31 日（包含首尾两天），每升税率为 1.11 港元。

（3）如果经证明并使用关长信纳已缴税的轻质柴油，已供根据《公共巴士条例》第二百三十章第五条或批予专营权的专营公司所经营的道路车辆使用，以维护该条例第二条界定的指明路线的公共巴士服务，则如此使用的轻质柴油已缴税款，可获关长批予退还，但须受关长指明的条件所规限。

（4）如经证明并使用关长信纳已缴税的轻质柴油，已供九广铁路公司所拥有和根据《九广铁路公司条例》第三百七十二章第四（一）（d）条经营的道路车辆使用，以维持西北铁路服务范围内的巴士服务，则如此使用的轻质柴油的已缴税款，可获关长批予退还，但须受关长指明的条件所规限。

（5）在关长为保障税收而施加的条件规限下，由《道路交通条例》第三百七十四章第二条所指的伤残人士或拥有和驾驶的私家车、伤残者车辆、电单车或机动三轮车所使用的烃油的须缴税款，须予宽免，每名伤残人士的宽免额如下：

①就私家车或伤残车辆而言，以每月200升为限；

②就电单车或机动三轮车而言，以每月100升为限。

（6）超低含硫量柴油指符合以下所有规格的轻质柴油：

①（按ISO14596测定）以重量计，含硫不多于0.005%；

②（按ISO5165测定）十六烷值不小于51.0；

③（按ISO3104测定）在摄氏40度时，黏度不小于2.00平方毫米/秒；

④（按ISO3405测定）95%馏出温度不高于摄氏345度；

⑤（按ISO3675测定）在摄氏15度时，比重不大于0.835；

⑥（按ISO3405测定）以容量计，在摄氏250度时，蒸馏回收率不多于65%。

注：在本篇中，在“ISO”之后附有编号者（“ISO编号”）指通常以该ISO编号为名称的国际标准化组织的测试程序。

4. 甲醇税

（1）甲醇及任何含甲醇的混合物均须按每百升（在摄氏20度的温度下量度）840港元的税率缴税。另就酒精浓度以量计逾30%的，每1%按每百升28.10港元的税率缴税。

（2）海关关长可根据应课税品规例按下列条件退回税款：

①经海关关长书面同意从香港特别行政区出口之已完税货品，在任何情况下，退还之税款不应超过货品所缴付之税款；

②物品说明、质量、状态或状况与合约不符或于过境时受到损毁及在海关关长同意下遭销毁，或已退还予香港特别行政区以外的供货商之进口已完税货品；

③用作制造应课税之已完税货品，在任何情况下，退回之税款不应超过该货品所缴付之税款；

④供应领事使用之已完税货品；

⑤抽取为政府化验师分析样本之已完税货品；

⑥存放于任何注册净重量为60吨以上之游船燃料缸内，以供该游船前

往香港特别行政区以外指定港口之合理数量的已完税燃料；

⑦专利巴士及后勤车辆所使用的已完税轻质柴油。

5. 入境申报

任何在入境站进入香港的旅客，均须就其逾免税优惠数量的应课税品（酒类、烟草），向海关人员申报。

6. 免税优惠

凡年满 18 周岁旅客可以免税携带下述范围的应课税品进入香港供其本人自用：1 升饮用酒类及 60 支香烟或 15 支雪茄或 75 克其他制成烟草，持香港身份证的旅客必须离港不少于 24 小时才可享有以上免税优惠。

入境旅客如果就其所管而有逾免税优惠数量的应课税品不向海关人员作出申报，或作出虚假或不完整的申报，可遭检控。

二、税额计算

应课税品税主要实行从量计税，但也有部分实行从价计税。

（一）从量计税

《应课税品税条例》规定对于按从量计税的产品，一般按照进口数量或销售数量，根据适用的固定税额计算。计算公式如下：

应纳税额 = 固定税额 × 应税数量

（二）从价计税

《应课税品条例》规定对于从价计税的应税产品，如果是进口产品，计税依据为进口正常价格，应为 CIF（香港）计价；如果是在香港制造的产品，计税依据为公开市场价格。计算公式如下：

应纳税额 = 计税价格 × 适用税率

第四节　应课税品税的征收管理

当应课税货品自进口运输工具或保税仓运往市场时，须缴付税款。当应课税货品被移往保税仓、出口或用作船只、飞机或火车之储备品时，则无须缴付税款。已付税款之货品的移走许可证将于缴付税款后发出。

第十章　其他税种

一、娱乐税

娱乐税是按公关娱乐场所的入场费收入征收的税项。该税从入场费收费中抽取，税款由购票人负担。电影院入场费的平均税率为9%，但已于1992年4月1日起撤销；赛马入场费的平均税率为29%。

二、博彩税

博彩税包括：

（1）对获批准的公司从举办赛马投注所得的净投注金收入征税。

（2）对获批准的现金彩票活动所收的供款或参加款项征税。

（3）对获批准的公司从举办奖券活动的收益征税。

（4）对获批准的公司从举办足球比赛投注所得净投注金收入征税。

博彩税税率见表1－13。

表 1－13　博彩税税率　　　　单位：港元

	赛马投注			现金彩票活动	奖券活动（六合彩）	足球比赛投注
税率			税率（%）	按付款、供款或参加款项的30%	奖券活动收益的25%	净投注金收入的50%
	(a)	最初11 000 000 000的净投注金收入	72.5			
	(b)	其次1 000 000 000的净投注金收入	73			
	(c)	其次1 000 000 000的净投注金收入	73.5			
	(d)	其次1 000 000 000的净投注金收入	74			
	(e)	其次1 000 000 000的净投注金收入	74.5			
	(f)	余额	75			
			折扣率（%）			
	–		50			
	–		40			

三、酒店房租税

1. 征税范围

酒店房租税是根据《酒店房租税条例》，对酒店及宾馆住房征收的税项。

(1) 酒店。指由酒店东主租予客人住宿，或提供客人作住宿用途的任何备有家具的房间或套房，其中包括通常在其内所提供的家具、用具及装置。

(2) 住房。指任何场所，而该场所的东主显示他在提供的住房的范围内，提供住房予任何到该场所并且有能力和愿意为所获提供的服务及设施缴付合理款项而本身状况亦属于获得接待的人。

（3）房租。指须由客人或其代表为所获提供的住房缴付的款项。

2. 税率及酒店东主的缴税

税率是客人所付的房租的3%。

印花税署署长负责收取酒店房租税，每所酒店的东主，均须在每年9月30日、12月31日、3月31日及6月30日后14天内，在截至上述日期的各段3个月期间，向署长缴交需缴的税项，同时该酒店的经理亦须在一份列名酒店东主所缴交税项有关的期间内所收取的房租总额的申报表上签署，并将申报表送交署长。

3. 豁免

凡署长信纳以下情况，则本条例的条文并不适用于有关的房租：

（1）房租的租率低于每日15港元。

（2）住房是以非牟利性质成立及由其经营的社团所提供的。

（3）酒店通常可供客人入住的房间不足10间。

注：对于某类明显不属于供客人住宿的住房，例如《旅馆业（豁免）令》所指的28天住房，一般会豁免征收酒店房租税。不过，每宗个案还须按本身的情况来决定。

4. 退还税项

凡能向署长证明使署长信纳酒店东主没有获缴付某项房租，署长须退还就该项房租所缴交的税项。

四、飞机乘客离境税

按照《飞机乘客离境税条例》规定，凡年满12周岁人士离境，须缴付机场离境税120港元（一般机票价格已包含有关税款）；即日抵港及离境的过境旅客则无须缴付离境税。乘客于香港国际机场离境时，须额外缴付机场保安费33港元，以维持机场一贯的安全、保安和乘客服务。

五、商业登记费

商业登记费也是香港的税种之一。按照《商业登记条例》规定，任何在香港经营物业的人士，均须在开业后1个月内，为业务申请商业登记，并将有效的商业登记证在营业地点展示。如登记资料有所变更，经营者须在1个月内以书面形式通知税务局。但小规模营业的经营者可豁免此费。纳税人在交纳商业登记费时，发给商业登记证明书。从1996年4月1日起，香港降低了商业登记费，目的是为了降低小型商号的资本成本和经营成本，协助商界完善营商环境。

1. 换领商业登记证

对于已登记的业务，商业登记署会在现有商业登记证有效期届满前1个月发出商业登记缴款通知书。经付款后，该缴款通知书便会成为有效的商业登记证。有关人士如果收不到该缴款通知书，应在现有商业登记证有效期限届满1个月内，以书面形式通知税务局长。如果在商业登记证及分行登记证有效期届满后仍收不到或遗失了商业登记缴款通知书，则其可以亲自或以邮递方式来换取商业登记证。

2. 取消商业登记证

任何人如果结束营业或结束任何分行业务，均须于结业日期起1个月内，书面通知商业登记署，并于来信中清楚书明其商业登记号码或分行登记号码、名称、地址、结业日期、结束营业后的通信地址和联络电话号码。另外，亦可选择填写IRC表格第3113号。必须为该业务缴付商业登记费直至及包括该业务结业的年度为止。

任何根据《公司条例》（第三十二章）在香港成立为法团的公司，不论是否在经营，须当作为经营业务的人，并须每年申领商业登记证，直至该公司解散或根据《公司条例》第二百九十一AA（九）条撤销注册。

正在清盘的有限公司，一并递交有关清盘决议案影印本作为证明；正向公司注册处处长申请不营运私人公司的注册撤销的公司，则一并递交一封由公司注册处处长发出批准撤销注册申请的信件副本。在提交所需文件后，税务局局长会考虑就法人团体开始进行清盘或向公司注册处处长申请不营运私人公司注册撤销后的年度暂停发出商业登记费和征费的缴费通知书。在任何情况下，仍必须缴付规定的登记费和征费直至（及包括）该法人团体开始进行清盘或申请不营运私人公司注册撤销的年度为止。

3. 豁免登记

《商业登记条例》规定下列各有关人士从事的服务或经营，不必办理商业登记：

（1）慈善机构。

（2）农业、园艺或渔业的经营（此项豁免不适用于根据《公司条例》成立为法团或须注册的公司）。

（3）擦皮鞋的生意。

（4）根据《小贩规例》需要领取牌照的各种小贩生意（在建筑物内经营者除外）。

4. 豁免缴付商业登记费及征费

如果业务每月的平均生意额不超过以下限额，可申请豁免缴付商业登记费及征费：

主要凭提供服务以赚取利润的业务	10 000 港元（由 1996 年 4 月 1 日起生效）
其他业务	30 000 港元（由 1996 年 4 月 1 日起生效）

对于现有业务，上述每月平均生意额为须紧接申请提出前 6 个月的每月平均款额。至于新开业务，则须为该业务开业后前 6 个月的估计平均款额。

根据《公司条例》在香港成立或需要注册的公司不会获得此豁免。

如果独资东主或相同合伙人同时经营两项或多于两项业务，则任何一项该等业务均不会获得豁免。

申请必须以订明的表格提出，可以亲自或以邮寄方式递交申请书。为了确保申请书的真确性，一般不接受以传真方式递交的申请书。

可以电子方式填写表格，然后经互联网递交商业登记署。

现有业务申请豁免缴付商业登记费及征费，要在现有商业登记证有效期限届满 1 个月前递交。例如，现有的商业登记证将于 2003 年 5 月 15 日届满，而你希望由 2003 年 5 月 16 日起 1 年内获得豁免缴付登记费及征费，须于 2003 年 4 月 15 日以前提出申请。如果是新开业务，则申请应在提交商业登记申请后 1 个月内递交。

申请人会获书面通知以通知其申请结果。如果获批准豁免，税务局会连同附信发出《注明批给豁免的商业登记证》。申请人在未有接获通知前仍须按期缴付商业登记费及征费。

豁免只在提出申请时才会批给，并有效至《注明批给豁免的商业登记证》有效期届满止，为期 1 年。其后每年必须根据当时所生效的豁免条件及申请程序重新提出豁免申请。

5. 商业登记费及征费

(1) 自2003年4月1日起开始生效的登记证。

一年有效期	登记费（港元）	征费（港元）	总额（港元）
总行业务	2 000	600	2 600
分行业务	73	600	673
三年有效期	登记费（港元）	征费（港元）	总额（港元）
总行业务	5 200	1 800	7 000
分行业务	189	1 800	1 989

(2) 自2002年5月16日至2003年3月31日期间开始生效的登记证。

一年有效期	登记费（港元）	征费（港元）	总额（港元）
总行业务	0	600	600
分行业务	0	600	600
三年有效期	登记费（港元）	征费（港元）	总额（港元）
总行业务	3 200	1 800	5 000
分行业务	116	1 800	1 916

(3) 自2002年4月1日至2002年5月15日期间开始生效的登记证。

三年有效期	登记费（港元）	征费（港元）	总额（港元）
总行业务	0	250	250
分行业务	0	250	250
三年有效期	登记费（港元）	征费（港元）	总额（港元）
总行业务	3 200	750	3 950
分行业务	116	750	866

(4) 2002年4月1日前开始生效的登记证。

三年有效期	登记费(港元)	征费(港元)	总额(港元)
总行业务	2 000	250	2 250
分行业务	73	250	323
三年有效期	登记费(港元)	征费(港元)	总额(港元)
总行业务	5 200	750	5 950
分行业务	189	750	939

六、专利税

专利税属于间接税的一种。许多投资大，回收期长，但又为社会所必需的企业(多为公用事业)，由政府保障其经营专利与特权，但须缴纳专利税或特权税。享有经营专利与特权的企业有海底隧道、九龙巴士公司、城市巴士公司、电话公司、电视广播、的士加油站等。

七、海底隧道通过税

海底隧道通过税属于间接税的一种，是对使用海底隧道和东区海底隧道的车辆征收的税项，两条隧道均由私营公司按“建造、营运及移交”的专利权合约方式建造和经营。隧道收费均已包括政府征收的海底隧道通过税在内，其已在2000/2001年度被取消。

第二编　澳门税制

第一章　澳门税制概述

澳门位于南中国海珠江三角洲口岸，北纬22°14′，包括澳门半岛、氹仔岛和路环岛，总面积约25.8平方千米。根据由澳门统计暨普查司所作出的统计，2004年澳门人口为465 300人。

澳门在回归祖国以前尽管由葡萄牙共和国管理，但实际上是一个内部公法法人，享有行政、经济、财政和立法自主权。澳门有本身的税务制度，由立法会负责制定税收制度的基本元素，订定每一税项的对象和税率以及税务的豁免和其他税务优惠条款。

澳门的税制是由多种税项构成的，包括所得税、开支或财产和服务税、资产或财富税。澳门的征税法例及其实施，使澳门变成所有欲在亚太地区建立工商活动基地的投资者的税务天堂。澳门没有和其他国家签署双重征税的国际公约，但由于税收水平低，因此这并不构成外来投资的障碍。

通过本章读者可以了解：澳门税制的沿革和发展，澳门税制的特点、征税原则以及澳门的税务管理等。

第一节　澳门税制的沿革和发展

早在葡萄牙人抵达之前，澳门已有人居住，并在行政上隶属中国香山县（今佛山市）管辖。当时的中国政府已在此行使税务管辖权。葡萄牙人于16世纪中叶获准在澳门居留后，在相当一段时间内向中国政府缴纳地租和商税。明清政府在澳门也设有衙门、海关、税馆、监狱等，对澳门实施有效管辖。1822年葡萄牙通过第一部宪法，单方面将澳门列为其海外属地之一。自此以后，葡国商人在澳门逐渐获得自治，葡国政府更派出总督加强对澳门的管治；1845年，葡国单方面宣布澳门为自由港；1846年，当时的澳门总督采取多项措施，如颁布殖民征税法，停止向清政府缴纳地租，驱逐清朝官员，查封海关等，以阻挠中国政府在澳门行使税务管辖权，并开始向澳门居民征税。从此，葡国政府直接在澳门行使税务管辖权达150多年。

澳门税法以葡萄牙税制为依据和基础，澳门现行的税收制度由多种不同的税项规定而组成，其中包括按照资产和劳务、财产、收益征收的税项。19世纪中叶后，按照澳门历史发展，其税收制度经历了以下几个阶段：

一、从属于葡国税制阶段

从19世纪中叶至20世纪60年代，澳门是葡萄牙一个海外殖民地，没有独立的税收制度，一切从属于葡萄牙税法。葡萄牙在澳门实行殖民政策，发展博彩业，吸引消费，以征收更多的税收。1961年，葡萄牙政府把澳门发展为旅游区，鼓励赌业，以后又陆续增加赛马、跑狗等博彩项目，大力发展博彩业，成为澳门财政收入的重要来源。

二、澳门税制相对独立的阶段

20世纪70年代，葡萄牙政府对澳门的政策作了调整。在1976年，葡萄牙政府颁布了《葡萄牙共和国宪法》，它第一次以根本法的形式明确澳门是葡萄牙管制下的中国领土，澳门拥有行政、经济、财政和立法自主权。同时葡萄牙政府还颁布了《澳门组织章程》，确定澳门的独立地位并规范其内部政治制度。该章程规定澳门地区为一内部法人，享有行政、经济、财政和立法自主权，澳门有本身的税务制度，澳门立法会有权负责制定税收制度的基本元素，订定每一税项的对象和税率以及税务的豁免和其他税务优惠的条款。这些立法规定，使澳门税制进入了相对独立的阶段（同时也获得了一些明显的调整和改革）。

三、澳门的税制改革

一般认为，澳门没有进行过大规模的税制改革，而是不断进行渐进式的修订，20世纪60年代以来，澳门税制共有两次重要的修改，具体如下：

（一）20世纪60年代税制改革

20世纪60年代以前，澳门税种主要包括物业转移税、遗产及赠与税、营业税、房屋税、博彩税和印花税等。葡萄牙在60年代实行税制改革，作为殖民地的澳门也遵循其改革方向，进行税法修改。这次税法修改具有两个特点：

（1）系统地颁布了若干税务章程。《职业税规章》、《所得补充税规章》、《营业税规章》、《都市房屋税规章》都是1964年集中通过立法条例新颁布的税务法规。这些新的规章对原有的税务规章作了一定的修改，例如，将职业税和营业税分开课征，规定固定税率；对房屋税实行比例税率等。

（2）开征新的税种。1964年开始征收所得补充税，所得补充税又称纯利税。

（二）20世纪70年代澳门税制改革

20世纪70年代末期，澳门政府获得财政自主权后，开始结合澳门实际，进行税制改革。这次税制改革主要针对原来税务规章的缺陷和漏洞，进行修订或者补充。1977年至1978年间，修订了一系列税务规章，主要包括《职业税章程》、《营业税章程》、《市区房屋税章程》和《所得补充税章程》等法例以及颁布《会计核数业务条例》。

20世纪80年代以来，澳门主要税务规章的修订和补充一直没有停止。其中，《职业税章程》经历了10次修改；《营业税章程》进行了3次修改；《都市房屋税》、《所得补充税》也作了多次修改。1988年开始颁布系统的印花税法规，包括《印花税规章》和《印花税总表》。但是，《遗产及赠与税》、《物业转移税》至今沿用1901年颁布的法律。

澳门税法虽然作了多次修订，但是税制的基本框架没变，还是葡萄牙早年为澳门设立的税制。如今，葡国税制发生很大变化，澳门并未追随，所以澳门税制已与葡国现行税制存在相当差别，澳门现行税法体系仅与葡国早期税制体例相似。例如，葡国从1989年起，已颁布统一的所得税法，将所得税分成团体法人所得税和个人所得税。澳门则是根据收益的来源与性质分别征收职业税和所得补充税。20世纪80年代，澳门税务部门提出增加间接税和合并直接税两点税制改革设想，但是设想没有得以实施。澳门出于本地区的政治、经济、文化、地理等特殊情况考虑，保留了既定税制，没有追随葡萄牙税制变化。

四、回归后澳门税制

《中华人民共和国澳门特别行政区基本法》（以下简称《基本法》）第

八条规定："澳门原有法律、法令、行政法规和其他规范性文件，除同本法相抵触或经澳门特别行政区的立法机关或其他有关机关依照法律程序作出修改外，予以保留。"《基本法》第一百零四条规定："澳门特别行政区保持财政独立。澳门特别行政区财政收入全部由特别行政区自行支配，不上缴中央人民政府。中央人民政府不在澳门特别行政区征税。"第一百零六条又规定："澳门特别行政区实行独立的税收制度。特别行政区参照原在澳门实行的低税政策，自行立法规定税种、税率和其他税务事项。专营税制法律另行规定。"

1999 年以来，澳门特别行政区的法律制度及其税收事务基本上沿袭了回归以前的基本做法，回归以后没有很大的变动，维护了澳门经济的稳定和发展。回归后只是对职业税、所得补充税、印花税等作了局部修改。

第二节　澳门税制的特点

澳门税制主要是依据葡国税法，再结合澳门本地的特殊环境而形成的。澳门和香港一样是一个岛，各方面资源不足，原料要依赖外地输入。所以，工业种类都偏重于劳动密集型的加工业，政府为了保证税收平衡，不惜以低税率吸引投资，促进经济的发展。

澳门现有税种分为直接税与间接税。直接税主要包括：营业税、所得补充税、职业税、房屋税、物业转移税以及专利税等。间接税主要包括：印花税、旅游税、消费税以及罚款和手续费等。直接税一直是澳门政府的主要资金来源，其在政府财政收入中所占比重一直保持在 80% 左右，并以每年大约 30% 的比例递增。澳门政府根据澳门的特点，对一些特殊行业实行特许专营制度，目前实行专营的行业有：博彩业、公共交通业、电讯业等。政府与各专营公司签订专营合同，实行监控，并对其征收专项税款。专营税成为澳门政府的一项重要资金来源，也成为澳门税制的一个特色。在澳门，对于专营税并无系统的税收法律、法规，而是通过专营公司、社团同政府签订专营合约来具体规定。

一、税种少，税率低

澳门的轻税思想源于葡萄牙的"轻税富民"思想。在澳门现行税制中规定征收的税种只有 14 种，而且没有完全意义上的"个人所得税"与

“企业所得税”。但如果从这个分类角度看，所得补充税、职业税、房屋税中针对个人的可被视为个人所得税；所得补充税中针对团体的，可被视为企业所得税。这种分类征收的特点是对不同税源课征不同的税，可以避免对纳税人同一税源重复课征。另外，澳门税制对各个税种规定的税率很低，累进幅度小，而且豁免和优惠的范围很多。

二、很多税种采用固定税额的形式

澳门税制中很多税种采用固定税额形式。例如，营业税对所有行业均按定额纳税；职业税对从事独立劳务的职业者，根据其职业的性质不同规定差别固定税额；部分专利税、消费税等也实行定额税率。

三、专营税地位突出

专营税作为澳门特有的税种，在整个财政税收体系中占举足轻重的地位，特别是博彩特别税对澳门经济发展影响重大。博彩业在澳门经济整体中占有重要的位置，2004 年博彩税收入达 152.36 亿元，占澳门本地生产总值 GDP 的 18% 以上，博彩税收也占澳门财政收入的 77% 以上。

四、采用属地征收的原则

对于个人的工作收入，不论其是否为澳门居民，都要就其在澳门工作得来的薪酬缴纳职业税；对于个人和团体，不论其住所或总部位于何处，都要就其在澳门取得的总收益缴纳所得补充税。以上都是属地原则的体现。

五、未实行税收抵免或饶让制度

澳门迄今未实行税收抵免或饶让制度，未与任何国家或地区签署税务协定，以避免双重课税。但由于其税收水平低，因此这并不构成外来投资的障碍。

六、征税管理规范，规定详细

澳门税收章程不仅规定纳税人的申报期限、纳税期限，而且规定了税务机关办理征税事宜所遵守的期限并详细规定了评税职权、评税要求。它所规定的内容涉及税收征纳各个环节，比较全面，尤其强调细节规定。例如，职业税章程规定，征收环节包括征收凭单的送交和取消；通知征收、设定征收以及催缴等项。澳门税法对职业税、营业税、所得补充税、房屋税、印花税、消费税等主要税种分别规定了详细的征税内容和程序。

七、税收的调节作用大

澳门政府在20世纪60年代就开始注意运用税收进行产业调整。为鼓励澳门工业和旅游业的发展，澳门颁布了《工业政策范围内税务鼓励》，规定对发展澳门地区工业的各项税收优惠；颁布《兴建旅游设施之税务鼓励》，规定经营旅游事业，豁免房屋税、营业税；在公共设施的建设上和市政建设上，有关法律和法令也规定了相关的税收制度。例如，在《建筑、景色及文化财产的保护》中，为保护澳门的文化财产，减少政府的负担，澳门政府规定了多方面的税收优惠鼓励个人和团体对文化遗产进行维修和复原；在《公众停车场税务优惠》中，规定对将现有大厦的停泊车辆地方交由有关楼宇管理，或专门成立的公司管理，由澳门泊车公司管理的，房屋税获得豁免，以此增加停车泊位，改善澳门道路交通情况。

第三节　澳门的税务法制和管理

一、税务法制

澳门税收法律由税收章程、税务规则以及税务鼓励政策等构成。《组织章程》规定所有税收法律的制定权由澳门立法会和澳门总督共同行使。只有澳门立法会和澳门总督有权制定、修改、补充、废除以上税收法律。但是，1999年澳门回归祖国以后，澳门特别行政区立法会是澳门特别行政区唯一的立法机关，独立享有制定、修改、暂停实施和废除澳门地区法律包括税收法律的权力。

澳门现行的法律没有涉及法律解释权的规定。根据一般原则，只有立法机关有权对其所颁布的法律进行立法解释。关于税收法律解释问题，根据澳门第61/95/M号法令规定，澳门税务机关在征税过程中有权对具体税收问题作出解释。

二、税务管理机构

澳门第61/95/M号法律《澳门财政司组织法》规定，澳门税务管理机构由财政司及其所属的税捐厅所组成。财政司是指导、统筹及监察澳门地区行政公管部门财政活动的机关。财政司的附属单位包括：公共会计厅、税捐厅、公物管理厅、研究暨财政策划厅、资讯系统厅、技术法律厅、行政暨财政厅、公证处。其中，税捐厅是澳门的税务管理机关，由财税处、课税管理处、税务稽查处等机关组成。此外还有负责澳门专利税征收和协调工作的博彩监察暨协调司，与财政司同属澳门预算、社会事务政务司系统。

三、税收征管

澳门没有一部法律专门规定税收征管制度，一般通过各个税收章程分别规定。虽然它在各个税收章程上分别规定税收征管的内容和程序，有些规定不免重复。但是，由于不同税种具有不同特点，所以税收征管规定具有一定的针对性，富有特色。综合澳门税收章程有关税收稽征内容，一般分为纳税申报、税收评定、税款征收、税务稽查、违法处罚、税务争议申驳和上诉几个环节。

（一）纳税申报

澳门税收征收普遍实行申报制度，组织、受理纳税申报是澳门税收机关的主要工作之一。澳门税收章程规定了详细的申报内容，包括申报书的内容、申报期限、申报方式、申报程序等。例如，营业税的申报包括开业申报、变更申报、重新申报以及注销申报；职业税的申报分为自由职业人士申报和散工、雇员申报，后者一般由其雇主代为申报。

（二）税收评定

根据澳门税法规定，税收评定包括可课税资料的审查和可课税款项的核定两个方面。根据税种不同，评税工作程序也有不同。例如，《营业税章程》规定：接到营业人的纳税申报以后，财税司应审查营业人的经营活动；根据申报书的内容作出税收初步分类评定；办理临时结算；通知营业税纳税人缴纳税款；征收税款等项程序。《所得补充税章程》规定：接到纳税人申报后，税捐厅的工作包括审查可课税资料和核定可课税收益。评税委员会和复评委员会有权对有争议的税收进行评税和复评。

（三）税款征收

澳门税务机关一般通过送交征税通知的形式进行税款征收，法律规定税款应该按照法定期限缴纳。

（四）税务稽查

税务稽查是指对于违反税收法律行为所进行的调查活动。澳门税法规定税务稽查权由税捐厅稽查处行使，他们有权搜集纳税资料；有权要求纳税人解释有关纳税问题；有权要求纳税人出示纳税凭单；有权检控税务违法犯罪活动。

（五）违法处罚

对于税务违法行为，澳门税法赋予税务机关一定的处罚权。处罚方式包括罚款和征收滞纳金。

（六）税务争议申驳和上诉

澳门各个税务章程均有税务争议申驳和上诉内容与程序的规定，称为对纳税人的法律保障。

第二章　职业税（*Occupation Tax*）

澳门地区在税法上没有区分个人所得税和公司所得税，而是按照收益类型设置税种。职业税是对个人工作收益征收的一种税。

通过本章读者可以了解：职业税的定义，职业税的纳税人、征税范围、减免优惠以及职业税的税率和征收管理等。

第一节　职业税概述

一、职业税的概念

职业税是对个人在澳门的工作收益征收的一种税。

澳门关于职业税的法规最早见于澳门政府1964年第1632号法令，由于这一法令存在许多缺陷，如有若干条文从未执行，征税对象方面含糊不清，对可课税事宜的严格核定不够周密等，后来该法规被1978年第2/78/M号法律取代。这一法律即《职业税章程》。该章程颁布以来至今已经历了多次修订，其中在1987年、1990年和2003年的三次修订较重要，主要对征税对象、税率结构和最低生活必需额等方面作了补充和修正。

二、职业税的特点

（1）分类征收。职业税按照纳税人的不同类型，设置不同税种，分别按照不同的税率进行征税。

（2）实行地域征税原则，只对来源于澳门地区的收入征税。

（3）只对个人部分收益即工作收益征税，而不是对个人的全部收益征税。

（4）税率很低，职业税的税率最高没有超过12%。

第二节　职业税的纳税人

一、纳税人

（1）职业税的纳税人是在澳门取得工作收益的人。纳税人可以分为两组：

第一组：在澳门地区为他人服务而从事任何职业，无论是以日薪散工还是雇员方式者。

第二组：在澳门地区自资从事本章程自由及专门职业附表内任何业务者。

（2）凡虽有资格从事附表内任何业务，但以雇员身份为他人服务者，视同第一组纳税人征税。

（3）上项所指的纳税人如果同时替不能被视为其雇主的他人从事自由或专门职业者，亦须遵照第二组征税。

二、散工及雇员的定义

（1）散工：指技工、艺工以及一般来说凡着重于手作而报酬不是以月计的工作者。

（2）雇员：指凡从事具有脑力劳动多于体力劳动特征的工作者，以及因职业等级应被视为雇主的直接合作者，即使其报酬不是以月薪计算。

（3）下列人士亦被视为雇员而以雇员方式征税：

①董事会或经理部、监察会及任何公司其他内部机构的成员，以及个人名义商号的经理；

②散工如果由其雇主或公司定期或偶然给予津贴，或容许其收受津贴，不论来源或以何种方式支付，只要该津贴全年款额超过全年薪酬者。

第三节　职业税的征税范围

职业税以来源于澳门的工作收益为征税对象，不论其收益是金钱还是实物，有约定或无约定的，固定或不固定的，且不论其来源、地点或计算与支付所定的方法及货币。

一、工作收益的含义

1. 工作收益

工作收益包括所有有关确定或偶然、定期或额外的报酬，即薪金、日薪、酬劳费、聘请金、出席费、津贴、赏金、百分率、佣金、经纪佣、分享金、补助金、奖金或其他报酬等。

2. 其他工作收益

（1）按法律或合约的规定，作为交际费、交通费、日津贴及启程津贴给付的款项。

（2）自然人、商业企业主以其工作报酬名义记入企业的会计账目的款项。

二、不课税收益

（1）以退休金或抚恤金、退伍金、残废金、因公殉职抚恤金、为社会舍身抚恤金及因工作意外名义而收取的给付，以及所有与上述定期金具相同标的的其他给付。

（2）按有关法例规定，由私人退休计划及基金受益人收取的金钱给付。

（3）法定的强制性社会福利或保障制度所作扣除的返还及退还。

（4）有文件证明供纳税人或其家属作医疗、药物或住院开支的津贴。

（5）家庭津贴、结婚津贴及出生津贴，有关津贴的上限至为公共行政机关公务员及服务人员所订定的限额。

（6）房屋津贴、租屋津贴、危险津贴、死亡津贴、丧葬津贴和遗体运送津贴，有关津贴的上限至为公共行政机关公务员及服务人员所订定的限额以及为澳门特别行政区驻外办事处工作人员合法订定的月津贴、家具津贴和安顿补助。

（7）与危险津贴有相同特性的法定附带报酬和合约规定的同类报酬，作为对从事特别艰苦和危险职业的工作人员的补偿，后者每年金额上限为30 000澳元。

（8）上限为收益12%的错算补助。

（9）经法律订定员工职务的非金钱收益，或有合理理由因有关员工所担任职务的特殊性质而给予这种收益。

（10）交际费，但仅以实报实销方式作出给付者为限。

（11）按法律或合约的规定，作为交通费、日津贴及启程津贴给付的款项。有关款项须在相关的税务年度终结前报销，其上限为公共行政机关的公务员及服务人员所订定的金额。

（12）因雇主实体单方提出终止劳动关系而给予劳工以法定金额的解雇赔偿，但如果劳动关系在随后的十二个月内获重新建立，则有关解雇赔偿应全数课税。

（13）因确定性终止职务而给予劳工的法定或约定补偿，但如果劳动关系在随后的12个月内获重新建立，则有关补偿应全数课税；以及按法律规定，因放弃权利而给予劳工的应有补偿。

（14）一项固定之年度金额，数额相当于在作出上述各项扣减后之工作收益的25%。

第四节　职业税的计税依据

职业税的计税依据为可课税年收益。可课税年收益对雇员来说是雇主每年支付的薪酬减去不课税收益，自由职业人士的可课税年收益则为总收益扣除与从事业务有关的成本费用。

1. 第一组纳税人

散工或雇员的可课税收益根据雇主每年支付或发给的薪酬或收益而确定。

2. 第二组纳税人

（1）自由职业人士和专业人士的收益根据下列情形确定。

①根据适当编制的会计报表，并经按照现行法律规定在财政司注册的会计师或核算师签名及核对的收益；

②对无备有适当编制或不完整的会计及虽声明备有会计但欠交申报书或其资料不详者，如果估定其上年度的收益超过支出时，则根据收益与支出的差额核定。

（2）如果依照上述①项的规定核定时，某经营年度的亏损可以在随后1年或多年，但以3年为限，在可课税收益内减除。

（3）扣除规定。

在核定从事本章程附表所载任何职业的纳税人的可课税资料时，将在收益内扣除下列与所从事业务有关的负担或构成收益所不可缺少的负担：

①专为所从事业务用的固定及永久性设施的租金，或者纳税人在有关设施内居住时，只列出从事业务所估部分的租金；

②长期员工及临时帮工的负担；

③代顾客垫支的费用或其他责任；

④与所从事业务有关的保险费；

⑤由第三者所提供服务的支出；

⑥从事专门职业活动的耗用品；

⑦交际费及旅费；

⑧为提高纳税人专业水平的费用；

⑨水、电及通信耗费；

⑩所得补充税章程规定的设施及其设备的重置及摊折；

⑪按所得补充税章程规定所组成的备用金；

⑫福利基金的供款至所得补充税效力所接纳的界限；

⑬纳税人向属于其专业组别的公会、社团及其他组织的供款；

⑭以备用金或预支方式所收取的金额或其他同等性质的款项，而实质上用于支付后客户责任的支出或其他责任；

⑮对构成收益的其他必要支出。

上述支出，其扣除以文件证实的款项作出，假如纳税人是与其他专业人士共同经营其行业，可扣除的负担将按有关费用以比例分配，或当欠缺按比例分配的资料时，则按所得总收益的比例分配。

第五节　职业税的税率和税额计算

一、税率

职业税采用超额累进税率，税率见表2－1。

表2－1　职业税税率表　　单位：澳元

可课税年收益	税率
95 000以下	豁免
95 000～115 000	7%

（续上表）

可课税年收益	税率
115 000 ~ 135 000	8%
135 000 ~ 175 000	9%
175 000 ~ 255 000	10%
255 000 ~ 375 000	11%
375 000 以上	12%

对于65周岁以上的散工及雇员，或经证实长期伤残程度达到60%的散工及雇员，可课税年收益在135 000澳元以下者，税率为0%（豁免）。

二、税额计算

职业税的税额是根据可课税年收益按适用的税率计算而得，公式如下：

应纳税额 = ∑可课税年收益 × 税率

［例］张先生受雇于澳门旅游娱乐公司，月薪15 000澳元，公司给予年终业绩分成80 000澳元，给予医疗津贴10 000澳元（有文件证明），计算该年度澳门张先生应纳职业税。

解：（1）张先生课税年收益 = 15 000 × 12 + 80 000 = 260 000（澳元）

（2）张先生可课税年收益 = 260 000 ×（1 − 25%）= 195 000（澳元）

（3）该年度张先生应纳职业税额 = 95 000 × 0% + 20 000 × 7% + 20 000 × 8% + 40 000 × 9% +（195 000 − 175 000）× 10% = 1 400 + 1 600 + 3 600 + 2 000 = 8 600（澳元）

第六节　职业税的税收优惠

1. 从主体来看，两类人士豁免职业税

（1）领事馆人员。

（2）按照中央政府或澳门特别行政区所签协约规定的外国组织或国际组织的服务人员。

2. 从客体来看，在豁免限额以下的可课税年收益豁免职业税

第七节　职业税的征收管理

一、税款征收

职业税的征收方法因纳税人的不同而分为两组。

（一）第一组纳税人

散工或雇员的工作收益，一般采取源泉扣缴的方式。下列情况才可代扣：

（1）散工。如果其工资及其他可课税收益每天超过 422 澳元。

（2）雇员。如果其每月收益超过 10 556 澳元。

源泉扣缴采用的扣缴率：

（1）散工。每日收入乘 300 天的乘积。

（2）雇员。每月收入乘 12 个月的乘积。

雇主每年 1、4、7、10 月将上一季度从其雇员薪资中代扣的税款连同其 M/1 表交往财税处。每年 1 月雇主还应递交 M/3 表和 M/4 表。在 M/3 表上列明其上一年度的雇员名单、收益总额以及扣税总额；M/4 表列示其免税雇员的名单及收益情况，每当按照以上各款规定作出的扣除金额与本章程规定的应缴税额不同时，雇主应进行必需的调整。雇员们则于每年 1 月递交 M/2 表，列明自己在上一年度的收益情况及已扣缴的税款。财税处可根据这些材料进行税务稽核。

（二）第二组纳税人

自由及专门职业者的工作收益，实行自行申报。纳税人于执业的 30 日之前递交 M/5 申报表，同时缴纳自开业之日至年终所预计的税款。然后其收取顾客的付费时应出具政府统一印制的 M/7 式收据。每年 1 月份他们向财税处送交 M/6 申报表，列明其上年的全部收益并附上其开出的 M/7 收据的存根联供评审委员会复核，同时预缴新一年度的税款。如果经复核纳税人上一年度实际应纳税额大于其年初预缴的税款，则应予补交。如果小于后者，则可在后面年度中抵扣。

二、主要罚则

（1）纳税人如果在应缴税的征收期限届满 60 天后仍未缴税款的，处以相当于欠缴税款半数的罚款。

（2）向政府公库欠缴有关款项或缴交款项少于应缴金额的，将处以相当于短欠款项 3 倍的罚款。

（3）不按规定进行扣缴税款的，最少罚款 500 澳元，最多可达至与该扣缴税款相等。

（4）雇主拒绝出示与税款结算及征收有关的簿册及其他文件的，罚款 2 500 澳元至 12 500 澳元。

第三章　营业税 (*Business Tax*)

营业税一般被认为属于流转税范畴，它对从事工商经营活动的企业或个人在生产、经营、消费、流通过程中的商品经营所得、劳务收入进行征税。但澳门的营业税具有不同的特点，尽管它直接对从事工商经营活动的企业或个人征收，但不以工商经营活动收益作为计税依据，而是根据不同行业经营情况确定一个固定税额进行征收。

通过本章读者可以了解：营业税的概念、纳税人、征税范围、减免规定、税额以及征收管理等。

第一节　营业税概述

澳门的营业税是对澳门地区经营工商营利事业活动的个人和团体所征收的一种税项。

澳门营业税法最早由 1964 年第 1634 号立法条例规定，后于 1977 年由第 15/77/M 号法律中的《营业税规章》所取代，并于 1985 年、1987 年和 1989 年分别由第 12/85/M 号法令、第 72/87/M 号法令和第 1/89/M 号法令进行了 3 次修改。

澳门的营业税是从事工商经营活动的一个必经手续，《营业税章程》规定：任何从事工商经营活动的团体和个人，凡是开始营业、变更营业、增加新的营业活动、停止营业均要进行税务申报，在经过税务机关核准审批，并且交纳经营税款后，才能取得营业资格开始经营，或者开始新的经营活动。可见，澳门的营业税既有商业登记性质，又有税务登记性质。

第二节　营业税的纳税人和征税范围

一、纳税人

营业税对澳门地区经营工商营利事业活动的个人和团体进行征税，即它的纳税人是经营工商业性质活动的个人和团体。

二、征税范围

澳门税法把凡须缴纳营业税的工商业性质的活动，称为营利事业。其所附的《行业总表》把澳门的工商业分为7个部分29类80种363个行业。以上营利事业从事营利活动，均征收营业税。可见，澳门营业税的征收以是否从事营利活动为标准，是对经营行为征税，对于行业以及营利活动性质没有特别限制。

根据《行业总表》，澳门的工商业共分以下7个部分：

（1）加工工业。

（2）公共工程与建筑业。

（3）电、气和水行业。

（4）商业、银行和保险行业。

（5）交通及通信行业。

（6）服务行业。

（7）其他行业。

第三节　营业税的税收优惠

一、营业税的豁免

《营业税章程》规定，下列情况可豁免营业税：

（1）澳门地区的任何机关、组织及机构，即使已成为法人也可获得豁免。

（2）地方自治机构、公益行政团体、教会机构及其组织，免费或不牟利提供救济、慈善、卫生与教育服务者。

（3）市立或市辖机构有关水电的供应或分配，集体运输、市场、墟场或公共供应场所的经营者，但不属于自治规约所指责任而导致对消费者的售物除外。

（4）储蓄存款机构及生产消费或住宅合作社，其活动限于本身会员者。

（5）不牟利的小学、中学及技术教育学校。

（6）公开表演、野火会、游艺会及音乐会，其举办经取得有关部门的许可，且取得的纯收益全部供作文化、教育、慈善或救济用途者。

（7）自然人或法人，因须遵守特别税收制度以代替营业税，或须向本地区缴纳法例或合约条文订定的年饷或分享，均须由特别法例或与本地区签订合约指明豁免营业税者。

（8）无店址或在户外以临时设备，从事商业或手工艺活动，如果属商业活动，其存有资产，从表面稽核通常须在15 000澳元以内，二者均为缴纳市自治规约所定税款者。

（9）报纸或杂志的出版人。

（10）非机动载客车辆，属个人所有，且须缴纳市自治规约所定税款者。

（11）小型工场，由营业者本人、配偶、儿女及最多有亲属4名在场内作业者。

二、其他减免

（1）营利事业的固定资本额或投资额不超过15 000澳元的，只须缴纳相当于行业总表内所载有关固定税额的半数。

（2）位于离岛的商号可获减免的税额相当于行业总表内所载约有关固定税额的半数，但该减免并不适用于离岸银行。

第四节　营业税的税目和税额

一、税目

《行业总表》所划分的行业门类可以视为营业税的税目。根据《行业总表》，澳门的工商业共分为以下7个部分：①加工工业；②公共工程与建筑业；③电、气和水行业；④商业、银行和保险行业；⑤交通及通讯行业；⑥服务行业；⑦其他行业。

二、税率

澳门的营业税不是对营业额征税，没有税率的规定。营业税按照不同行业的性质和规模，在《营业税章程》所附的《行业总表》上直接规定各行业的固定税额，依法每年分别对每个工商企业或店号征收。这个法定税额就是计税依据。

根据《行业总表》规定，澳门的营业税税额最高为一年 180 000 澳元，仅适用于离岸银行；其他银行固定税额都是 80 000 澳元；最低为一年 150 澳元，主要适用于公共运输业；但是对大多数行业来说，固定税额一年为 300 澳元或者 500 澳元。此外，在实际征收时，澳门半岛地区和海岛地区的营业税额有所差别，一般是澳门半岛地区比海岛地区高一半左右。部分行业见表 2－2。

表 2－2　部分行业表　　单位：澳元

行业代号	行业名称	全年税额
10. 10. 10	农业、林业、狩猎及渔业	300
31. 32. 00	酒类酿造业	300
32. 13. 00	针织业	500
33. 11. 10	锯木	300
34. 20. 10	刊物出版	300
35. 22. 10	西药制品业	300
36. 92. 10	水泥制造	300
37. 10. 00	基本钢铁业	300
38. 39. 20	电灯泡制造业	300
39. 01. 00	珠宝首饰制造业	300
41. 01. 00	电力	300
50. 00. 10	地质探测、地基加固及打桩	500
61. 01. 10	鱼（栏）及其他海产	300
62. 01. 01	超级市场	300
72. 10. 00	邮递服务	300

第五节 营业税的征收管理

一、申报与缴纳

营业税按年计征，税款一般在每年的2、3月份缴纳。

澳门《营业税章程》规定：凡准备从事任何工商活动者，在开业前30天必须向财税处递交申报书；财税处审查后，对其经营活动按照《行业总表》作出初步分类评定；在办理临时结算后的8天内，财税处即进行征税。

营业税纳税人的报税内容主要是店号名称、业务范围、开业日期和投资额等，不包括营业收入。在税额评定后，纳税人只有在发生下列情况时才需再申报：

（1）公司资本提增。

（2）公司名称或商标及纳税人住址或经营地点更改。

（3）事先无作营业税登记业务的开始从事。

（4）已作登记业务全部或局部停止从事。

（5）经营行业的店号所进行的装修或扩充工程完毕。

二、主要罚则

（1）未经预先申报而营业的营业者，罚款200～100 000澳元。

（2）若营业者已递交M申报书，却未缴交营业税款而开始营业时，罚款200～100 000澳元。

（3）纳税人因事实变更而不在所指期间内将情况通知财税处，或者违犯出示凭单的规定，罚款200～100 000澳元。

（4）纳税人蓄意伪报或隐瞒某些资料而影响对其营业活动的评定时，罚款200～100 000澳元。

（5）纳税人如逾应缴期后60天，仍未清付欠税时，处最高相当于欠税的一半的罚款。

第四章　房屋税（House Tax）

房产税的性质主要有两种：一种是财产税性质的房产税，一种是收益税性质的房产税。澳门对房屋使用收益或租金收益征收的“都市房屋税”，收益税的特点非常明显，有的学者认为它是典型的收益税之一。

通过本章读者可以了解：房屋税的概念、纳税人、征税范围、减免规定、税率和税额计算以及税款的征收管理等。

第一节　房屋税概述

房屋税是对澳门市区房屋的收益征收的一种税，又称“都市房屋业钞”。

有关房屋税的法令，最早的是1964年的第1630号法令，但是这一法令不符合税务技术的要求及税制演进，并显示出征税对象不明确、市区房屋定义不妥善、税率不适当、保障纳税人的方法不周全以及条文文义含糊不清等缺点。在1978年该法令被第19/78/M号法律《房屋税章程》所取代。这一规章后来经第11/99/M号法令、第38/85/M号法令修改，即为现行的《房屋税章程》。

第二节　房屋税的纳税人和征税范围

一、纳税人

（1）房屋税的纳税人是市区房屋收益权利持有人。

凡个人或团体如果在房屋记录上注明屋宇属于其名义的或确实占有屋宇的，将推定其为该房屋收益权利持有人。

（2）如果收益由多名持有人分享时，纳税人为各持有人，按所享权利分担。

（3）如果有分租而次出租人所收租金超过付给出租人的租金时，有关差额的房屋税以次出租人为纳税人。

（4）关于租购房屋，纳税人为房屋的使用及享用人。

二、征税范围

房屋税对在本市区房屋的收益进行课征。市区房屋收益指如果有租赁关系时的有关租金；如果无租赁关系时，使用人或享用人所取得的或可能取得的经济利益。

市区房屋：

（1）市区房屋指接合或永久性坐落地上的楼宇及楼宇廊路用地。但该等楼宇或地段必须与农林或畜牧业的经营无关。

（2）凡楼宇与船埠、埠头及港口其他结构有物质的接合者，视为市区房屋。

（3）如果房屋同时作农业及其他用途，如居住、工商业或任何职业或业务的经营等，根据租赁合约或无租赁合约时根据估定，农业非属主要用途时，整间房屋将评定为市区房屋。

（4）组成一栋楼宇的各个单位有条件成为独立单位，且在法律上归属各不同所有人的，视同个别的市区房屋。

第三节　房屋税的税收优惠

《房屋税章程》规定，符合下列情况的房屋免征房屋税：

（1）政府及其任何机关、组织及机构，即使其已成为法人也可获得豁免。

（2）地方自治机构。

（3）公益行政团体。

（4）经宣告为公益的团体。

（5）教会、传教团体及其他教士依教规组成的宗教团体等，符合其宗旨的自有房屋。

（6）任何宗教组织或团体，专供其宗教祭祀用的庙宇或楼宇。

（7）外国政府为其外交代表团而设置的房屋，依照与葡国政府或澳门地区所订的协议办理。

（8）经营任何工业的个人或团体，专供其工业场所开设及工作用的非租赁楼宇。

（9）个人或团体，其全年供不牟利小学、中学或专科学校用的房屋。

（10）新建楼宇供居住及/或商业用途，以及经改良或扩建的楼宇，其工程价值根据估定至少相当于该楼宇时值50%的，此类楼宇的收益享受业钞豁免期间，在澳门市为4年，在海岛市则为6年，以工务厅发出有关建筑物入住或占用准照的次月起算。

（11）新建不动产供开设工业单位或工场用途的收益，豁免期间，在澳门市为5年，在海岛市则为10年，以工务厅发出有关建筑物入住或占用准照的次月起算。

（12）经济房屋及合作社所建住宅楼宇，用以租赁及现卖或分期付款出售给社员者的收益，依将来法律所定的条件及期限。

（13）2008年11月11日，澳门特区政府将房屋税起征额提高至全年3 500澳元（税后抵扣）。

第四节　房屋税的税率和税额计算

一、税率

房屋税的税率分为两档：

（1）按照估定租值征税的，税率为10%。

（2）其他所有按照租金征税的，税率为16%。

二、税额计算

房屋税的应纳税额根据租金或租值扣除一定的费用按适用税率计算而得。一般公式如下：

应纳税额 = 租金×（1－10%）×税率

（一）可课税收益——有租赁关系的房屋

有租赁关系的市区房屋，以出租人按租赁合约有权收受的租金为可课税收益。如果该费用由出租人所承担时，可扣除10%作为保养及维持费。

分租须缴纳房屋税者，以次承租人全年交付的租金减去承租人全年交付出租人的协定租金后的差额为可课税收益。

1. 租金

（1）出租人将房屋及屋内不论承租人专用或该房屋、各房屋其他住客所共享，甚至其本人也享用的用益权借出而向承租人收取的一切，又或承租人以出租人身份所收取者，都被视为租金。

（2）下列情况也被视为租金：

①承租人承租设在承租屋内的商业或工业场所用的机器及家具而向出租人缴付的款项；

②出租人因出租附设家具的屋宇而向承租人收取的一切报酬；

③业主将设在其屋内的工商业场所业务连同该屋的享用作暂时性借出而向借用人收取的代价。如果代价一次性交付时，该笔款项将除以订定的年数所得的商数为每年业钞的可课税资料；

④向使用任何房屋作为广告或其他特别用途所收取的款项。

2. 从收益扣除的负担

扣除的维持性负担必须由下列开支所导致：

（1）看更人的报酬；

（2）升降机及载货升降机的能源费；

（3）大堂及楼梯的照明费；

（4）中央暖气系统的费用；

（5）冷气及空气调节的费用；

（6）业主联合8人以上的分层楼宇的管理费。

3. 不享有的扣除

如果属分租时，次出租人所收取的租金与交付于出租人的租金两者的差额不享有任何扣除。

（二）可课税收益——无租赁关系的房屋

（1）无租赁关系的房屋，以租值减除作为保养及维持费的10%为可课税收益，租值是指相当于按照本章程规定进行估定在自由合约制度下的全年合理租金。

（2）无租赁关系的可课税收益在房屋记录上所注明，并须受定期性调整。

[例] A先生拥有一座房屋，出租后月租2 000澳元，房屋税由A先生负担，请计算A先生应纳房屋税。

解：应纳税额＝月租×12 ×（1－10%） ×税率

＝2 000 × 12×（1－10%） ×16%

＝3 456（澳元）

第五节 房屋税的征收管理

一、申报与缴纳

澳门的房屋税实行自动申报缴纳制度，税款按年计征，一次缴纳。

纳税人于每年1月份向税务部门申报房屋的可课税收益，并由税务部门负责核定。纳税期限是每年的6、7、8月间。澳门税务机关一般通过制作房地产记录表，作为计税资料，税款按照房屋所记载的课税收益计算，并且向纳税人发出征税凭单，自动缴税的征收期限是30天，根据自缴税凭单所规定的日期起算。

二、主要罚则

（1）纳税人欠交或漏交申报书者，罚款100～5 000澳元；纳税人故意欠交或漏交申报书者，罚款200～10 000澳元。

（2）纳税人欠交私人订立的租约时，罚款500～5 000澳元。

（3）纳税人未在规定期限内呈交以公共契约形式签订的合同，罚款100～1 000澳元。

（4）业主或租客及次租客阻挠有关租务评估部门对其收益进行评估、拒绝提供必要的解释的，罚款500～5 000澳元。

第五章　所得补充税 (Net Profit Tax)

所得补充税是为符合税务公平与均等的规定而特别指向每一纳税人的纳税能力，并作为营业税、职业税及房屋税的补充设置。该税是对个人和法人团体工商活动收益征收的一种税，亦称“纯利税”。

通过本章读者可以了解：所得补充税的概念、纳税人、征税范围、减免规定、税率和税额计算以及税款的征收管理等。

第一节　所得补充税概述

澳门的税法没有区分个人所得税和公司所得税，而是按照收益的类型设置税种。所得补充税是为对职业税、房屋税和营业税的补充而设置的税种，它对个人和法人团体的工商活动收益进行征收，实际上是对个人的收益中扣除某些费用后的净额，以及企业收入中扣除成本费用后的利润征收，所以亦称“纯利税”。

所得补充税于 1964 年第 1635 号法令开征。此后，这一税项几乎历年通过法律修订进行调整。1978 年，澳门政府颁布第 21/78/M 号法令，宣布撤销以往纯利税的法令，1979 年 1 月 1 日实行新的《所得补充税章程》。这一章程颁布至今同样经历多次修改，较重要的修订是在 1983 年、1984 年、1985 年、1988 年和 2003 年。

新的《所得补充税章程》在团体方面，规定了若干团体必须具备有规则而适时的账目，同时又订定若干规则，以使未置备账册、文件或与其有关的其他资料的纳税人能够逐渐减少，以及鼓励具有相当规模的而愿意应付若干社会负担的企业开设。对于按实际收益课税的纳税人，施行更宽大的固定资产摊折率，并准许其设立若干项备用金，有关亏损及用于再投资的利润，准予在续后 3 个营业年度扣除，以及给予税务上的其他优惠与鼓励。在个人方面，规定了家庭负担的扣除额将获得大幅度提增，且首次伸展至若干尊亲属。另外，为可课税收益的核定设立了一项对工作负担的扣除。此外，为避免对须缴纳职业税的个人双重课税，规定在已计得的所得补充税内减除其在所得补充税所涉及当年因工作收益而已完纳的职业税款；在税务程序方面，诸如有关收益的申报及使资料适时等，采用新的表格，如果具备适当会计制度的纳税人，则必须检附有关摊折表及备用金表，使其能更正确核定可课税收益及公平课征应取得的税。

第二节　所得补充税的纳税人和征税范围

一、纳税人

所得补充税的纳税人是在澳门取得工商活动收益以及其他收益的人，包括个人和团体。具体又可以分为两组：

1. A 组

（1）不具名有限公司、股份有限公司及合作社。

（2）任何性质的公司，其本身利益与股东个人利益并无混同，且资本不少于 100 万澳元或可税利润在近 3 年平均达 50 万澳元以上者。

（3）其他的个人或团体，备有适当组织的账目，经透过至有关税项年度的 12 月 31 日提交声明列入此组者；但倘在该年度最后一季开始其业务者，则有关声明得延至翌年 1 月 31 日提交。

2. B 组

A 组以外的其他个人或团体。

另外，对于个人来说，课税是以家庭为单位。为了税务的目的，家长的收益包括：

（1）夫妻两人的共有收益。

（2）未经法院宣告分居分产的配偶的专有收益。

（3）受家长或受未经法院宣告分居分产的配偶管束的未成年子女、领养子女、与前妻或前夫所生子女等的收益。现已废止。

二、征税范围

所得补充税对个人或团体取得的源于澳门的工商活动收益进行课征，不论该个人或团体的住所或总行设在何处，只要有源于澳门的收益，就必须缴纳所得补充税。

（1）个人的总收益指下列收益总和减除有关负担后的所得额：

①商业活动的收益；

②工作的收益。现已废止。

（2）团体的总收益指按照本章程的规定计算工商业活动全年经营所得的纯利。如果属商业公司及以商业形式组成的民事公司时，其总收益将减除派给股东或股份持有人与课税年度有关的利润或股息。

（3）总收益不包括房屋的收益。

第三节　所得补充税的税收优惠

一、减免规定

《所得补充税章程》规定，下列情况免征所得补充税：

（1）政府、地方自治机构或公益行政团体支付给其服务人员的薪俸、薪金及其他报酬。

（2）不构成职业税的可课税资料的收益。

（3）互助团体运用其资金所得的收益。

（4）被承认有法人资格的任何宗教团体或组织的收益。

（5）个人或团体因须遵守特别税收制度以代替所得补充税，或须向本地区缴付年饷或分享，均经由特别法例或与政府签订合约指明豁免所得补充税者。

（6）机构、社团、团体、社会、公共组织及其他法人，除法定豁免外，其可课税收益或利润的首 2 万澳元。

（7）纯粹从工作取得的个人总收益。

（8）住所或实际领导机关设在外地的空运企业在澳门地区经营从商业上使用航空器的业务及其补充业务所获的总收益，但其豁免以住所或实际领导机关设在澳门的相同性质的企业获相应的豁免，及该互惠已在航空运输协定内获承认，或已获总督在公布于政府公报的批示承认者为条件。

注：对于上面第（5）项所指的个人或团体，其豁免不包括分派给股东的利润或分派给股份持有的人的股息。

二、再投资的税务规定

（1）拨入储备的利润于续后 3 年投资企业本身的新设备或装置而有利于澳门地区经济发展的，可以在该续后 3 年可课税利润内减除，但该等利润以正常业务所得为条件。

（2）有关减除应按照规定在 3 年内分期进行，如果某一年因可课税资料不够应付该部分减除时，可以在续后各年减除，但不得超过上述所指分期的最后 1 年。

（3）本条规定不适用于 B 组纳税人。

三、亏损的税务处理

（1）A 组纳税人，某年度的亏损可在续后 1 年或多年，但以 3 年为限，在可课税利润中减除。

（2）其他纳税人，有关的亏损可在该营业年度中扣除。

（3）所经营的活动如果享有所得补充税的豁免，其亏损不得在其他营业活动所得的利润中减除。

（4）在外国经营的活动，其亏损不得在澳门地区取得的利润内减除。

（5）某一纳税人以任何名义接受有亏损的纳税人不得享受该项减除，但如果因身故而继承的情况除外。

第四节　所得补充税的税率和税额计算

一、税率

所得补充税采用超额累进税率，见表 2－3。受课征所得补充税之 2007 年度收益享有由 9 月 9 日第 21/78/M 号法律核准之《所得补充税规章》第 7 条所指的税率附表内规定的豁免税额之增加优惠，其由 32 000 澳元改为 200 000 澳元，而对于超出后者金额之收益，视乎所超出之金额所属级别，适用 9% 及 12% 之百分比税率。

表 2－3 所得补充税税率表 单位：澳元

由	至	税率
0	200 000	0%
200 001	300 000	9%
300 000 以上		12%

二、税额计算

（一）计算公式

所得补充税的应纳税额是根据可课税利润按适用税率计算的。税率按照未经作出个人免税额等扣除之前的总收益而定。其公式如下：

应纳税额＝可课税利润×税率

（二）可课税利润

（1）A 组纳税人的可课税利润是指根据适当会计原则而编制的营业结算或损益账所示的盈余，即是有关课税的上一营业年度任何来源的收益或利润减除同年度的费用或损失后所得的数额。

（2）B 组纳税人的可课税利润，当估定其在上一年度的收益超过费用时，将根据两者间的差额核定，或根据指数方法核定。

指数方法将以税务行政的所有要素为基础，特别是在：

①有关出售及服务的提供，或购入及供应给第三者的服务的总利润或纯利润的平均幅度；

②投资本金的收益的平均税；

③原料的消耗或使用，或其他直接成本的技术系数；

④向税务行政方面所声明的要素及资料，包括有关其他税项者以及与纳税人有关联的企业或人士、机构方面所取得者。

（三）收益或利润

纳税人因正常或偶然的、主要或次要的活动致生任何交易或经营的所得，尤其是从下列经营的所得，都被视为业务收益或利润：

（1）主要经营的所得，如货物产业销售或提供劳务的所得、奖金、扣除佣金及经纪费的所得。

（2）次要或附属经营的所得，包括为员工福利提供劳务的所得。

（3）除任何公债的收益外，保留作储备或享用的收益，财产或有价物。

（4）财务性质活动，如利息、股息、贴现、纸水、汇费、汇率差价和发行债券和其他证券的佣金。

（5）在其他公司领导部门担任职务所得的报酬。

（6）权利金或其他同类性质的所得。

（7）科学或技术性质的服务所得。

另外，供企业本身使用而自行建造的建设、设备或投资的其他产业，其数值当作有关负担而列为营业费用时，亦将被视为收益或利润。

（四）可扣除的费用或损失

1. 营业费用或损失

为取得可课税收益或利润，以及为维持生产而需付出的负担，被视为营业费用或损失，具体有下列各项：

（1）主要的、附属的或次要的经营所引致与生产或购置货物或产业或享用劳务有关的负担，如采用的原料或辅助物料、劳力、能源或与制造、保养及维修有关的其他一般开支。

（2）经销及出售货物所导致的负担，包括运输费、广告费及推销费。

（3）财务性质的负担，包括经营上运用他人资金所产生的利息、贴现、纸水、汇率差价所生的损失、信用活动的使费、追收债款的使费，发行股息、债券及其他性质票据的使费及回佣。

（4）管理性质的负担，包括薪金、津贴、退职补助金、日用品、运输、交通、租金、司法使费及保险费，但自由投保人寿险的保险费除外。

（5）有关分析、改良、研究及咨询的负担。

（6）纳税人须缴纳的税项及附加的负担。

（7）可损耗资产的摊折。重置与摊折被视为经营年度的费用或损失。关于重置与摊折负担的计算通常是采用常数定额法，但经证明有理由且财税处处长又不反对纳税人所用的计算原则时，损耗本身可用其他方法计算。如果财产未订有重置与摊折率的，以税捐厅厅长认为合理的尺度为限额。但重置或摊折未列为有关年度营业费用或损失的，不得在其他任何年度的收益内扣除。

（8）备用金。只限于供下列用途才可视为备用金：

①作为应付在讼案所产生的责任及负担，其因案情而预计可将其列为

当年度的费用或损失；

②作为设立必要的技术性预备，以应付工作意外及职业病等事故所引致的资方负担非转由他人负责者，但年备用金额不得超过（如果有）向有关当局认可的任何殷实保险公司投保时应缴的保险费；

③作为应付呆账的备用金，其金额是按照有关年度终结后正常营业结果总债权而计算者；

④作为应付存货价值上的损失；

⑤按照特定法例或其他管制性的规定而设立的备用金。

注：年度终结时，有关第③项所指的备用金额不得超过正常业务所得债权的2%；第④项所指的备用金额则不得超过每一年度终结时存货价值的3%。

备用金因未有发生各该特定事故而不应继续存在的，以及已设立但用于营业本身或非依本条所指各种目的开支的，都被视为有关年度收益或利润。

(9) 因不能投购保险的意外所引致对他人的赔偿。

(10) 坏账。因企业的回复特别程序和保护债权人或因执行、破产或无偿还能力等案而引致的坏账，当不被接受为准备金的组成或准备金有所不足时，可直接视为营业费用或损失。

2. 其他费用或损失

(1) 福利用途的事业。

①企业为其员工和其家属所提供的自费维持的托儿所、育婴堂、幼儿园、膳堂、图书馆和学校以及其他福利用途的事业而获财政司认可的，亦可视为费用或损失；

②疾病的保险费，保障退休、失去工作能力或赡养金的保险，甚至企业为其员工参与法例所规定的社会保障基金而提供的补助款额，以人员在营运期的报酬、薪俸或薪金入账的，同样可视为营业费用或损失，但以该等薪酬的15%为限额。

(2) 捐赠。纳税人所作出的捐赠或所提供与有关在本地区设立或发展下述活动的受益机构的服务，可视为营业费用或损失，但以其出售规模的2‰为限额。

①博物馆、图书馆、学校、教育、研究或科学文化、文学或艺术等学院或社团；

②行政公用集体、社会福利私人机构、慈善机构以及文化和体育中心；

③给予澳门地区和市政区或其任何机关、场所及组织的捐赠，即使以个人名义者，全部视为营业费用或损失。

（五）不可扣除的费用或损失

下列各项无关的费用或损失不视为当年度的费用或损失：

（1）以任何理由入账的交际费及旅费，即使备有相关的单据，但被税捐厅厅长或评税委员会认为过多的部分。

（2）已完纳的所得补充税。

（3）违反税务条例所受的罚款及其可投保而未投保所生事故而付出的赔偿。

（4）按照商法规定所支付的中期息。

第五节 所得补充税的征收管理

一、申报与缴纳

澳门的纳税年度从公历 1 月 1 日起至 12 月 31 日止。

所得补充税一般不采取预缴方法，而是采用事后缴税的方法。《所得补充税章程》规定：A 组纳税人于每年 4 ~6 月递交申报书；B 组纳税人于每年 2 ~3 月递交申报书，向稽征机关申报上年的应纳税情况。税款分两期缴纳，第一期是每年 9 月份；第二期是每年 11 月份。

二、主要罚则

（1）按照本章程规定纳税人应递交申报书，如有欠交或不正确及被发现有遗漏等情况时，罚款 100 ~10 000 澳元。

（2）欠交、不正确或遗漏如属故意者，罚款 1 000 ~20 000 澳元。

（3）A 组纳税人如果欠缺适当编制的账目或在编制时不按规定的，罚款 100 ~2 000 澳元；推延入账逾期 90 天的，罚款 100 ~3 000 澳元；对账目或与账目有关的文件，拒绝出示连同使之无效、隐瞒、毁灭、伪造或涂改的，罚款 1 000 ~20 000 澳元。

（4）B 组纳税人如果欠缺适当编制的账目或在编制时不按规定的，罚款 100 ~500 澳元；对账册或应备有的文件，拒绝出示连同使之无效、隐瞒、毁灭、伪造或涂改者，罚款 500 ~10 000 澳元。

第六章　消费税（Excise Duty）

澳门的消费税是对税法所规定的一部分进口物品征税的税种。所以，又称为进口税。

消费税是澳门间接税收入的重要组成部分，同时受间接影响的人数也较多，因为征税的项目，大部分是与民生直接相关的物品，并直接关系到社会生活水准。长期以来，澳门政府对消费税的税目和提高消费税的税率始终持谨慎的态度。

通过本章读者可以了解：消费税的概念、纳税人、征税范围、税收优惠、税率和税额计算以及税款征收等。

第一节　消费税概述

澳门的消费税是对税法所规定的一部分进口物品征税的税种。所以，又称为进口税。

澳门消费税的法律依据，最早是澳门政府 1971 年颁发的第 1865 号法令；其次是 1975 年颁布的第 48/75 号法令；1979 年第 5/79/M 号法令专门就雪糕进口课征消费税的问题作了规定。1986 年澳门政府对 20 世纪 70 年代消费税的法令进行较大的修改，颁布了第 7/86/M 号《消费税章程》（又称为《管制消费税》），这一法令将消费税的征税项目从原来 327 项减少到 32 项，对澳门进口的烟、酒、汽车、汽油等产品提高了税收，但是对于生活必需品、家用电器则取消了消费税。《消费税章程》沿用至今，是澳门征收消费税的现行法律根据。澳门《消费税章程》所附的《消费税表》规定了具体的应税进口物品。

第二节　消费税的纳税人和征税范围

一、纳税人

消费税对部分进口物品课征，因此消费税的纳税人是进口应税商品的个人或团体。

二、征税范围

澳门的消费税分为2组应税物品，4个税目。具体如下：

（1）含酒精饮料。

（2）烟叶。

第三节　消费税的税收优惠

澳门消费税的减免范围较大。应税物品有下列情形之一的，可以豁免消费税：

（1）供公共机关包括市政委员会在内执行职务时使用而直接进口的产品。

（2）驻澳专职领事使用的直接进口的产品。

（3）直接进口供澳门参与的国际组织使用的产品。

（4）供注册的医院以及医疗保健机构使用的酒精。

（5）供渔船和依法有权使用的工业单位使用的燃料。

（6）供宗教和神职人员使用的进口产品。

（7）任何其他宣传性质的活动使用的产品，如因该等活动的性质，产品是在有关活动中需被消耗时。

（8）除司机外，载客量不少于15个座位的集体载客车辆，其进口目的是供集体运输专营公司使用或为接载教育机构的学生。

（9）残疾人士专用的集体客运车辆，残疾人士专用且容量不超过1 600cc的自用轻型车辆，以及残疾程度相等或超过60%的人士所使用附有马达的轮椅。

（10）商业用的载客轻型车辆（计程车）及其他专门用作运送货物的

车辆。

（11）特别车辆如急救车、垃圾收集车、消防车、救伤车、吊臂车、云梯车、混凝土车、拮斗车、挖泥车及压土车。

（12）特别法例或与本地区行政当局签立合约而确保其优惠的人士所进口的产品。

第四节　消费税的税率和税额计算

一、税率

消费税根据应税消费品的情况分别采用比例税率和定额税率两种。一般来说，澳门消费税总的税率水平相对较低，制定低税率，一方面与其总的低税政策相配合，另一方面也基于消费税的税率直接关系到社会生活水准。

税率具体见表2－4、表2－5。

表2－4　含酒精饮料

含酒精饮料	特定税（单位：澳元/公升）	入口价值的从价税（到岸价/价值）	备注
酒精强度以容积计算高于或等于30%的饮料，但米酒除外	20	10%	酒精强度高于或相等于容积30%的所有酒精饮料，而不论经发酵物质或其来源为何

表2－5　烟叶

烟叶	特定税（澳元/单位或量度单位）
含烟叶之雪茄及小雪茄	70/公斤
含烟叶之香烟；其他	0.05/单位
其他经加工之烟叶及烟叶代用制品，包括“均质”或“复合”之烟叶	20/公斤

二、税额计算

（一）从价计征

采用从价计征的应税消费品，计税依据是按照澳门价值计算的进口产品的到岸价（CIF）。如果产品的到岸价未明确时，由经济司订定并通知纳税人。计算公式为：

应纳税额 = 到岸价 × 比例税率

（二）从量计征

采用从量计征的应税消费品，计税依据是进口应税产品的重量或容积。计算公式为：

应纳税额 = 重量（或容积）× 定额税率

第五节　消费税的征收管理

消费税的纳税环节主要在应税产品的进口阶段。消费税的缴纳期限是自应税产品进口起 15 天之内。逾期缴纳，纳税人将受到罚款处理。如果延迟日期不超过 15 天，将处以相当于欠款的 1% 罚款；超过 15 天者，每 15 天加罚款 1%。

已缴纳消费税的产品再出口时，可以在 1 年内申请退还税款。

第七章　印花税 (Stamp Duty)

印花税也是澳门的一个重要税种，凡是在商业业务活动中所立凭据原则上都要缴纳印花税。澳门印花税的征税范围较广，而且其有一定特色，除对一般对象之外，还对一些特别对象征税。

通过本章读者可以了解：印花税的概念、纳税人、征税范围、税收优惠、税率和税额计算等。

第一节　印花税概述

澳门的印花税是对商业业务活动中所立凭据征收的一种税。

早在 1907 年，澳门就开始征收印花税，但有关印花税的法令在 1941 年才正式公布。澳门印花税的法律源于 1941 年第 701 号法令的发布，当时还发布了《印花税总表》。1974 年第 3/74/M 号法令对《印花税总表》作了修改，并予重新发布。1981 年第 15/81/M 号法令对于上述法律又作修改，取消了慈善印花税。1985 年，立法会通过了《信用机构印花税修订条例》。1988 年对以往颁布的印花税法律作了系统的修改，以第 17/88/M 号法律的名义，重新颁布了《印花税章程》和《印花税总表》。最新修改发生于 2001 年，行政长官令公布后为现行《印花税章程》。这就是现行的印花税征税依据。

印花税是澳门间接税中的一个重要税种，20 世纪 80 年代以来，澳门印花税的收入在间接税总收入中所占比重逐年上升。

第二节　印花税的纳税人、征税范围和税收优惠

一、纳税人

印花税的纳税人是从事澳门《印花税总表》列举的征税项目的个人或

团体。其中包括：

（1）准照印花税，纳税人为准照的领受人。

（2）合同印花税，纳税人为合同的签订人。

（3）租赁印花税，纳税人为出租人。

（4）交通印花税，纳税人为旅客。

（5）保险印花税，纳税人为投保人。

（6）博彩印花税，纳税人为中彩人。

二、征税范围

澳门印花税的征税范围较广，而且有一定特色。

澳门税法规定，凡是在商业业务活动中所立凭据原则上都要缴纳印花税。澳门也有合同印花税、准照印花税、租赁印花税、保险印花税。澳门除了对以上一般对象征税外，还对一些特别对象征税。例如，股本印花税，在组织公司时按照股本征税；表演印花税，按表演、展览以及其他娱乐活动票价征税；博彩印花税，对彩金征收；交通印花税，对乘客乘轮船或者飞机出澳时按票价征收；银行印花税，对银行管理利息、佣金等所得的收益征收；税金印花税，对征税凭单的金额征收。2001 年修改后的印花税征税范围加入了物业转移税、财产继承税。

三、税收优惠

《印花税章程》规定，下列情形豁免印花税：

（1）澳门特别行政区及其属下之机关，包括法人机关、储金局、市政机关及公共企业。

（2）所有公益法人及行政公益法人。

（3）与教育机构有关的行为。

（4）贫民或遭遗弃者，在向不论公共或私人机构申请援助时，所有必须之文件，包括公证之认定。

（5）所有行政长官认许为经营有利经济及公益之消费合作社。

（6）所有因工作意外而行使之法律权利，执行时所产生的文件和卷宗，以及为取得任何性质或种类的退休金而需要之全部文件卷宗。

（7）所有根据法律规定设立的合作公司的文件。

（8）储金局与其存款者之运作。

(9）为建筑、售卖或租赁经济房屋而设立的合作社及公司均可在其设立、解散及清盘过程中必须的行为上享有印花税豁免。

(10）失业人士为证明其先前的工作而要求发出证明书。

(11）澳门社区宣教会及其他神社团体。

(12）基于在以指定收益用途方式提供债务担保的行为中所作的约定而产生的不动产租赁。

(13）移转按土地法的规定以确定批给方式批出的澳门特别行政区土地的租赁权。

(14）债权人按《民事诉讼法典》的规定设立公司。

(15）在执行中由被执行人本人赎回财产。

第三节　印花税的税率和税额计算

一、税率

澳门的印花税均为从价征收，税率因行业的不同或者业务性质的不同而有较大差异。见表2-6。

(1）准照印花税，税率为10%，根据准照费计征。

(2）表演印花税，税率为10%，根据票价收益计征。

(3）银行印花税，税率为1%，根据资金管理收益计征。

(4）租赁印花税，税率为5%，根据总租金计征。

(5）交通印花税，分为两个税率：至葡萄牙和中国内地的，征收1%；至其他地区的，征收2%，根据票价计征。

(6）保险印花税，根据不同险种税率分别为2%、3%和5%，根据保费计征。

(7）股本印花税，税率分为4档，根据股本计征：

①股本100万澳元以下，税率为4%；

②100万至500万澳元，税率为3%；

③500万至1 000万澳元，税率为2%；

④超出1 000万澳元，税率为1%。

(8）税金印花税，税率为5%，根据征税凭单的金额计征。

(9）博彩印花税，税率为5%，根据彩金计征。

表2－6　印花税缴税总表　　　　**单位：澳元**

印花税缴税总表			
条文编号	征税范围	税率	缴税方式
1	租赁须登记之动产，按照其金额及有关合约之有效期。	5‰	印花税票或凭单
	依照租赁之性质加上第二十三，二十四或二十七条之印花税。		
2	执照，每个： (1) 若涉及之活动需准照才可营运时，按照有关准照之费用。	10%	凭单
	(2) 若涉及之活动不需要任何准照，在适当时加上第二十八条之印花税。	50	凭单
	举凡免费之准照又或有关准照费用少于50元时，享有本条之豁免。 为应用本条之规定，行政许可及任何种类之登记，如必须要取得后始可营运某种活动时，均视为准照。		
3	广告或任何其他形式之宣传： (1) 必须要取得准照之广告，按照初次准照及每次更换之费用。	10%	凭单
	(2) 通过第三者： ①任何形式之宣传按照广告之费用；	2%	印花税票或凭单
	②以电台、电视或任何音响或投射程序之宣传，以广告费用计征；	2%	印花税票或凭单
	③当未能决定广告之费用时，每则；	250	印花税票或凭单
	④当有关广告为免费或涉及之费用少于250元时，每则。	10	印花税票或凭单

（续上表）

3	为应用本条之规定行政许可及任何种类之登记，如必须要取得后始可营运某种活动时，均视为准照。 以下情况享有豁免： ①刊登于期刊，包括《公报》、书册、杂志、目录、秩序表、传单、包装或商业赠品内的广告； ②当有关招贴或广告张贴或显示在任何场所内，主旨独为宣传售卖之货品； ③涉及宗旨为慈善或宣扬文化之行为或活动等之宣传； ④为应用本条之规定，行政许可及任何种类之登记，如必须要取得后始可营运某种活动时，均视为准照。		
4	保险合约 按照保费及额外保费之总和及任何构成保险公司收益之金额，无论是在同一文件或分别文件中收取： ①人寿保险，个人意外险（包括旅游）及工作意外险；	2%	凭单
	②忠诚保险；	2%	凭单
	③海上运输保险；	3%	凭单
	④其他性质之保险。	5%	凭单
	以下情况享有豁免： ①由澳门特别行政区合法营运之公司从再投保所取得之保费； ②退休金保险之保费。		
5	竞卖产品，货物及财产、动产或不动产之产权，按照竞卖或判给之价格。	5‰	印花税票或凭单
	以印花税票方式缴税时，应把印花税票胶贴在有关卷宗上，并由竞投之主持注销或由准许赎回或取消竞卖之人士注销。 当有关竞卖是由任何当局，澳门特别行政区之机构，包括法人机构、市政机关、公共企业、公益法人及行政公益法人举办时，缴纳印花税之方式可以凭单为之，并应在竞投之日，赎回或取消之日起计第一个工作天完税。在竞赛，赎回或取消之文件内应注有已完纳之印花税金额。		

（续上表）

<table>
<tr><td rowspan="2">6</td><td>以任何形式或依据作出的不动产租赁，按其涉及的金额</td><td>5‰</td><td>印花税票或凭单</td></tr>
<tr><td>上述印花税所应缴纳的金额至少为 10 澳元。
不动产租赁的印花税系以凭单缴纳；但如果属私文书者，则以印花税票缴纳。
对不动产租赁之默示延长期限所征收的印花税，系以规章第二十八条规定之方式缴纳。
按有关依据的性质而定，加上第二十三条或第二十四条的印花税。
属规章第二十九条所指的不动产租赁者，加上第四十二条的印花税。</td><td colspan="2"></td></tr>
<tr><td>7</td><td>发给外国人之居留许可或居留证</td><td>100</td><td>凭单</td></tr>
<tr><td rowspan="2">8</td><td>任何当局或公共机关，包括法人机构及市政机关，在处理卷宗及司法证明书时，内容涉及动产之租赁或出价，让予，评议会决议关系人均同意对共有财产的判给，对某方面之请求全部或局部之认诺或舍弃，已提出上诉的放弃，债务之自认、保证、抵押、典当、清还、遗产之抛弃、交易损失及损害所引起之责任，每份。</td><td>30</td><td>印花税票或凭单</td></tr>
<tr><td>对个别分辨出来之任何行为或合约加上根据本缴税总表之规定计算印花税。
对在刑事程序中司法税之担保证明书及为通过财产清单内之负债及分配情况之评议会卷宗赋予豁免。</td><td colspan="2"></td></tr>
<tr><td rowspan="2">9</td><td>表演，展览或任何性质娱乐项目之入场券或观众票，不论场地之所在，按照其价值。</td><td>10%</td><td>印花税票或凭单</td></tr>
<tr><td>即使有关方面并没有全部或局部收取涉及之票价，仍要缴付印花税。
当没有设置入场券，或入场金额只在离场时给付，本条所指之印花税仍要完缴。
以下情况享有豁免：
①获批准而举行，只为促进慈善及文化意图或捐予此性质实体之表演，展览或娱乐活动的入场费。必须要呈递有关之收支账目及文件，以兹证明此活动之所得是用于上述目的，或是付予原先设定之实体；
②经批准并按照上项所述的意图而举行之卖物会，慈善义卖及慈善宴会等之入场费；
③所指的账目必须要在有关活动发生后之 60 天内呈递财税厅。</td><td colspan="2"></td></tr>
</table>

（续上表）

10	海路交通票证： ①由澳门特别行政区往外地，但往葡萄牙及中国内地除外；	2%	凭单
	②由澳门特别行政区往葡萄牙及中国内地。	1%	凭单
	往距离澳门特别行政区少于20海里之运输票证免缴税款。		
11	证明书，每一版。	5	印花税票或凭单
	如果缮写于另一证明书或任何其他行为之篇幅内，每一版。	5	印花税票或凭单
	上述任何一种情况下，每一证明书加上。	10	印花税票或凭单
	即使有关证明书拥有多个签名，并以本名或团体之名义而立者，该行为只认作为独一个。 下述之证明书享有豁免： ①任何公务员或人员，在执行职务时，必须要缮写之传唤、勒令、通知、财产之估值及任何其他行为； ②任何澳门特别行政区之当局或机关，包括法人机关、公共企业、市政机关及行政公益法人或备有公益意图之申请，在有关申请及证明书内应提及是次申请证明书的目的； ③考试或有评分之出席证明书，其内只简述有关学科之期末得分； ④出生登记，为办理认别证件之用征税范围； ⑤由民事登记机关发出予检察院有关价值至10万澳元之财产债务分配。 连同档案本身之印花税，应以凭单方式缴纳： ①任何税单追收证明书之印花税； ②凡超过10万元价值的财产清单证明书之印花税。		

（续上表）

12	证书，每一版；	5	印花税票或凭单
	如果缮写在另一证书或任何其他行为之篇幅内，每一版；	5	印花税票或凭单
	上述任何一种情况下，每一证书加上。	10	印花税票或凭单
	下述情况享有豁免： ①入口证及货物来源证； ②生存、身份、状况及居住证书； ③公证员缮写之认可及所受理事项之证书。		
13	买卖或有偿性让与动产或不动产之有关司法卷宗或证明书，私人约据或契约或公证文书。	5‰	印花税票或凭单
	（1）此税率之引用如下： ①动产，按其价值； ②不动产，按照计算财产转移之印花税之规定而得出之价值； ③在财产判给的情况下，如不论以任何途径，所分割得出之财产总值超过财产取得人原先拥有部分之金额时，不动产则依照上述之规定订定其价值，而动产则采用估定价值。 （2）根据有关性质，加上第八，二十三，二十四或二十七条之印花税。 （3）当享有财产转移之印花税豁免时，本条之印花税将减半征收。		
14	债务之自认或设定，包括消费借贷及暴利等合约中具有之债务，按照其价值。	2‰	印花税票或凭单
	根据有关性质，加上第八，二十三，二十四或二十七条之印花税，经批准在澳门特别行政区营运之信用机构作出本条之行为时享有豁免。		
15	税捐之征收单据，按照其金额。	5%	特别印花

（续上表）

16	专营许可之合约，包括其修改及续期，按照有关金额及有效期。	5‰	凭单
	对有关合约之修改及续期，如果涉及之金额比最先订定的为高时，应按照超出的部分缴纳印花税。 当有关合约之部分金额仍未或不能被订定时，供计征之数目是依照合约上承批人应付期款之总数，并假设不能定价之部分与已被订定之价值等同。 当有关合约之价值全然未或不能被订定时，澳门特别行政区政府应给予此合约一个金额以兹应用本条之规定。 当假定之价格被发现与实际金额不同时，应修改假定之价格。 承批人全然负上缴付印花税之责任。		
17	并没有在本缴税总表内提及之合约，不论是在任何当局或澳门特别行政区之机关，包括法人机关、公共企业、市政机关及公益法人及行政公益法人订立。	50	印花税票或凭单
	当在同一个行为上，已然征收一种印花税率时，此税率并不适合应用。 本条所述机构之参与即表示印花税是由另外一方负责交付。		
18	与任何性质之公司订立之许可合约，如水、燃烧气体及电力之供货商，每份。	5	印花税票或凭单
	根据有关性质，加上第二十三、二十四或二十七条之印花税。		
19	商法典，第六百二十六条所指的海上风险合约，按照有关合约之价值。	1%	印花税票或凭单
20	公证员对每一项公开遗产之有资格继承人所作的声明书，不论所涉及之资格继承人的数目。	100	凭单
	加上第二十四条之印花税。		
21	在世人士之间的馈赠，按其金额。	5‰	印花税票或凭单
	根据有关性质，加上第二十三、二十四或二十七条之印花税。		

（续上表）

22	与澳门特别行政区政府或任何其属下机构，包括法人机构、公共企业、市政机关及公益法人及行政公益法人订立有关公共工程之承揽，货物、劳务之提供及许可经营公共事业等之合约，不论先前有否竞投： （1）每一份合约及按照合约之金额： ①工程之承揽，但承揽商并不供应物料；	2‰	印花税票或凭单
	②劳务之提供或公共工程之承揽并包括物料之供应。	3‰	印花税票或凭单
	（2）每一份合约，当有关金额不易订定时： ①按照保障履行合约之保证金金额；	5%	印花税票或凭单
	②如果没有保证金时。	250	印花税票或凭单
	印花税是由承揽商、供货商或承批人负责缴纳。 如果印花税之金额高于200澳元时，根据本条所定之应缴印花税应以凭单方式完纳，并在合约内注上该税项之条文编号。 根据有关性质加上第二十三、二十四或二十七条之印花税。		
23	任何私人约据，每份。	20	印花税票或凭单
	按照本缴税总表之规定，加上相应于有关行为的印花税。 私人约据之副本应课5澳元之印花税，但合约或行为中规定之特别税率只适用于正本中。 上述合约或行为之副本应注上已完纳应付印花税之字样。 以下情况享有豁免： ①经批准在澳门特别行政区营运之信用机构作出之行为享有豁免； ②借书及此类借项之担保所立的合约。		
24	登记在公共及专责公证员之记录簿册内之公证书及公证遗嘱，每份。	100	凭单
	如果包括有本缴税总表特别提及之任何行为或合约时，加上其相应条例所定之印花税。 当有关行为及合约之价值不高于3万澳元时，本条所规定之印花税为20澳元。上述之价值应根据计算立契手续费之法律而订定。		

（续上表）

25	取代需要缴付印花税的证明书或其他文件之影印本，每一版。	5	印花税票或凭单
	每一份经影印之文件，加上。	10	印花税票或凭单
26	按金之凭单及其副本，每份。	5	印花税票或凭单
27	公证员在记录簿册外缮写之文书，授权书及复代理书除外，每份。	25	凭单
	如果包括有本缴税总表特别提及之任何行为或合约时，加上其相应条例所定之印花税。		
28	由任何当局或澳门特别行政区机关，包括法人机构、公共企业及市政机关所发出之准照或准照之续期： 当发出时之金额高于50澳元，按照各准照之费用或其续期之费用，下列情况享有豁免：	10%	凭单
	①发出之准照属免费，或有关之费用少于50澳元； ②渔船之准照及牌照； ③商业营运之准照及其他性质等同之行为； ④发给行政当局之成员及公务员之准照； ⑤进行独为促进慈善及文化意图之表演所发出之准照。 为引用本条之规定，行政许可及任何种类之登记，如必须要取得后始可营运某种活动时，均视为准照。		
29	银行业务 信贷营运之利息及佣金，银行服务之佣金及其他从保管财物，中介付款及资本管理之银行收益，按照全年总收益，汇兑方面之收益除外。	1%	凭单
	（1）下列之利息及佣金享有豁免： ①汇兑之营运； ②信贷机构之间的营运； ③信贷营运，当对象为总部设在外地之法人，并在澳门特别行政区永久性地或暂时性地设有分行，而有关营运之币值亦非澳元或港元；		

（续上表）

29	④信贷营运，所涉及之金价高于或相等于1 000万美元，并由若干机构特别组成银行业之联合组织贷款予上款提及之法人； ⑤信贷营运，所涉及之金价高于2 000万澳元，并以此币值贷款，对象为澳门居民； ⑥信贷营运，所涉及之金价高于或相等于8 000万澳元，并由若干机构特别组成银行业之联合组织，贷款予澳门居民。 （2）上条⑤及⑥款所指之豁免只应用于有关机构全年收益中超出所述金额之部分。 （3）为引用第一项之⑤及⑥款，澳门居民定义为： ①在外地之澳门特别行政区官方代表及公营部门中实体之代表； ②在澳门特别行政区永久性或暂时性之公司，属于其总行设在外地之法人，如子公司、分支公司、代理公司、代办处及附属机构； ③在外地永久性或暂时性之公司属于其总行设在澳门特别行政区之法人，如子公司、分支公司、代理公司、代办处及附属机构； ④ 个人、在澳门特别行政区拥有商业或工业性质之公司或其他收入来源或利益中心，当信贷乃应用于有关公司，收入来源或利益中心时。 （4）本条第一项所指之豁免只适用于当有关信贷机构之会计记录能清楚显示其信贷之营运及有关金价经在财政局注册之核数师或核数师行核实。		
30	法庭外达成之财产分割或区划： 如果适用时，按照供计算遗产及赠与税，及物业转移税之价值。	5‰	凭单
31	在澳门库房或其他机构提取及交付金钱或财物之传令： 按照所提取或交付之资金及利息之金额。	2‰	印花税票或凭单
	临时用作竞卖或供应，而并非判给存入者之提取，享有豁免。		

（续上表）

32	彩票、抽奖或奖券，或任何其他同等性质之赏金，在交付时，按照其金额。	5%	印花税票或凭单
	以下情况享有豁免： ①奖券或其他部分，彩票或抽奖券之赏金，并由澳门特别行政区当局或任何其中机关，包括法人机关、市政机关或公益法人及行政公益法人发出，因未能卖出或被退回而致拥有； ②上款提及机构受益之赏金； ③只为慈善及文化目的筹款而举办抽奖之赏金。		
33	法庭诉讼，税务及行政之秩序，每一页。	5	凭单
	本条是指所有程序之项目及行为。当某种此类之项目或行为或任何合约亦被特别列在这缴税总表时，加上其相应条文中指明之印花税。 下列情况享有豁免： ①军人诉讼程序； ②财产清单金额至10万澳元之程序； ③为确定母道及父道之职权调查所涉及之程序； ④刑事程序； ⑤贫穷之卷宗，破碎家庭之辅导及任何其他有利于未成年人或禁治产人之行为，倘若有关财产或其拥有部分之价值不高于10万澳元时； ⑥移交孤零或被遗弃的未成年人； ⑦计算遗产税之程序，倘若有关纳税人并没有针对估值或计算而提出上诉，又或已提出上诉而全部得直时； ⑧宗教遗产之程序，当不涉及已判决的部分时； ⑨公用征收之程序，但除却如遇有申驳或上诉或任何诉讼事项，又当败诉一方或提出该等事项者要负上缴税之责任及对被征用者所提出赔偿所涉及之必须项目及行为包括有关传令； ⑩禁止因征用而判给之赔偿的有关程序，当此等禁止经判决为有理由成立时；		

（续上表）

33	⑪澳门特别行政区或任何其属下机关，包括法人机关、市政机关、公共企业、行政公益法人或任何慈善机构参与之程序，即指透过向此等机关之申请而从有关卷宗抽取有关联的及用作提出指引之文件；当遇有经判罪之其他人士时，此等人士要负上缴纳程序中所应付之印花税，但贫穷之士，一经证实其贫困情况时，可除外；当不涉及已判罪之人士时，即如财产清单之程序，缴纳印花税属清付有关费用人士之责任； ⑫检察院参与之程序，应用上款之规定； ⑬批给退休金及津贴之程序。		
	授权书及复代理书，每一版。	5	印花税票或凭单
	如有以下情况，逐一加上： ①拥有商业管理之权限；	50	印花税票或凭单
	②拥有任何其他权限。	20	印花税票或凭单
	如果上款所述之授权书或复代理书牵涉当事人进行买卖之可能或该可能将赋予受托人或第三者时，逐一加上。	100	印花税票或凭单
34	如果在授权书上或复代理书内所赋予之权限引发不同之印花税税率，只应用最高者。 本条印花税之征税对象为每一委托人、夫妇、父亲或母亲及儿女在父系权限下及同一法人之多个合法代表，均视为单一委托人。 在任何措施之卷宗内透过口头声明而赋予之诉讼委任，应缴纳②款所述之印花税，并不排除其他规例之引用。 当任何授权书或复代理书内牵涉不止一位人士（注：夫妇，父亲或母亲及儿女在父系权限下及同一法人之多个合法代表，均视为单一受托人）时，按照每一位多出之人士，相应税率之一半。 引用本条征税时，所有法律行为的单独文书之追认是指《民法典》第二百六十八条而言。		

（续上表）

35	认证缮本，每一版。	5	印花税票或凭单
	加上，每一份。	10	印花税票或凭单
36	公司资本额之追加或增加，按照增加之数额： 0 至 100 万澳元	4‰	凭单
	100 万至 500 万澳元	3‰	凭单
	500 万至 1 000 万澳元	2‰	凭单
	1 000 万澳元以上	1‰	凭单
	根据有关性质，加上第二十三、二十四或二十七条之印花税。		
37	公司——其设立：按照公司资本，即使并未立刻兑现： 0 至 100 万澳元	4‰	凭单
	100 万至 500 万澳元	3‰	凭单
	500 万至 1 000 万澳元	2‰	凭单
	1 000 万澳元以上	1‰	凭单
	对外地成立之公司，并在本地设有任何形式之公司代表，应缴纳之印花税是根据该公司之章程内指明属于澳门特别行政区营运之资本部分作为计算基础。 倘若公司章程内并没有论及此点，则应缴之印花税是按照该公司声明属于澳门特别行政区运作之资本部分计算。 根据有关性质，加上第二十三、二十四或二十七条之印花税。		
38	公证或密封遗嘱，当产生法律效用时，每一版。	50	印花税票或凭单
39	无偿性或有偿性，全部或局部，移转合约内之权利。此等合约是与澳门特别行政区政府或任何其属下部门，包括法人机关、市政机关及公共企业订定，是关于承揽、公共工程之建造，任何性质投资之经营及所有项目，供应的判给，按照合约上为确保该合同之履行而定之保证金金额计算。	3%	印花税票或凭单

（续上表）

40	商业或工业公司之让与，或营业税及职业税等章程附件中述及之行业，其执业之写字楼或诊症室之让与，按照让与之价值。	1%	凭单
	加上第二十四条之印花税。		
41	不动产之交换或变换，按照供计算物业转移税之金额。	5‰	凭单
	加上第二十四条之印花税。		
42	以有偿方式移转不动产。	3%	凭单
	加上第十五条的印花税。 加上本表按文件、文书或行为种类而定出的印花税，但属规章第五十一条第三款 b 项所指之预约合同者除外。		
43	以无偿方式移转财产。	5%	凭单
	加上第十五条的印花税。 加上本表按文件、文书或行为种类而定出的印花税。		

二、税额计算

印花税应纳税额根据计税金额按适用税率计算而得。公式如下：

$$应纳税额 = 计税金额 \times 适用税率$$

第八章　专营税（*Franchise Tax*）

专营税是澳门独有的税种。以幸运博彩专营税为主的专营税税收是澳门公共收入的主要来源，在澳门整个财政收入中占有举足轻重的地位。专营税的征收对象、税率规定、征收方式都与澳门其他税种不同，具有种种特别之处。并且，一般情况下澳门在进行税收统计时也将专营税的税收和其他税的税收分开来计算。

通过本章读者可以了解：专营税的概念、内容以及征收规定等。

第一节　专营税概述

一、专营税的概念

专营税是澳门特区政府向获准从事专营业务的商业企业征收的一类特别税项的总称。专营税以企业从事专营活动所获得的收益为征税对象。所谓“专营”是指政府批准独家商业企业经营某种特定业务活动。

澳门特区政府一般在博彩经营、公共服务、城市基础设施上实行特许权许可制度，授予某些商业企业独家经营权利。目前，澳门特区政府授予特许权的企业包括博彩娱乐、广播电视、电力、电信、自来水、港口管理、泊车管理、公共运输、机场建设和牲畜屠宰等行业。专营企业要向政府缴纳特别税项，即专营税，作为对经营特许权的回报。

专营税是一种比较特殊的税种。在澳门，“专营”这个词是指澳门特区政府通过与有关的公司、企业签订专营合约，将从事某项经济活动的资格专门批给有关的公司、企业，由其独家经营；而专营税就是指这些专营公司、企业按照同政府签订专营合约时商定并写入专营合约的税种、税率和支付办法，向政府缴纳税收。目前，澳门特区政府同有关公司、企业签订的专营合约共有16个，分别涉及旅游博彩业、广播电视、电信电力、自来水、港口管理、泊车管理、机场航空、公共运输、屠宰等领域。由此可见，专营税并无统一的税种、税率标准，具体标准要视不同行业的赢利、成本核算等因素酌情而定，不能和一般税种、税率相提并论。专营税在澳门现行税收体系中的地位也是相当重要的，其中最突出的是旅游博彩专营税。澳门特区政府之所以能在低税政策下做到财政收支平衡，并抽出部分资金进行若干大型建设，在很大程度上就是得力于专营税，尤其是旅游博彩专营税的收入。正是考虑到专营税在澳门税收中的特殊性和重要性，基本法第一百零六条才规定专营税制由法律另作规定。这一规定不仅表明澳门特别行政区应自行立法，对专营税制作出不同于一般税种、税率的规定，而且也有利于澳门特别行政区从整体利益出发，对专营税制作出符合本地区实际情况的规定，并对专营公司、企业本身的利益提供法律上的保障。

二、专营税的类型

澳门的专营税可以分为三类：

（1）幸运博彩税，主要以赌场收益为征税对象，澳门旅游娱乐有限公司是幸运博彩税的主要纳税人。

（2）赛事博彩税，主要以赛事竞投收益为征税对象。按照不同赛事内容，赛事博彩税分为跑狗专营税、赛马专营税、白鸽票专营税、回力球专营税 4 个税项。

（3）公共事业专营税，根据不同事业可分为广播电视专营税、电信专营税、自来水专营税、公共运输专营税等。

第二节　专营税的内容

一、合约的商定

澳门专营税的内容是由政府与获准从事专营事业的商业企业直接商定，而不是通过税法规定。它们通过签署专营合约形式规定有关征税事项以及其他相关事项，合约一般按照不同行业的赢利情况和成本核算标准，确定专营税的税率、税额、支付方式、缴纳期限等各项内容，并允许专营公司根据赢利情况的变化而自行调整。因此，专营税的内容，既没有统一的名称格式，也没有确定的征收标准，而且每年合约税额、税率以及有关内容都不完全相同。

例如，1986 年 9 月，澳门政府与澳门旅游娱乐有限公司签订幸运博彩专营批给合约，合约规定："从 1987 年 1 月 1 日起，专营公司需缴付相当于该公司获准在指定地点经营博彩总收入 26% 的金额为博彩特别税；专营公司还要缴付相当于该公司被批准在文华东方博彩厅经营博彩收入 27% 的金额为博彩特别税。博彩特别税的税率每年增加 1%，直至达到 30%……但每年博彩特别税的总金额不得少于 3.5 亿澳元……但可依变化而进行修订和调整。"

又如，1990 年 7 月，澳门政府与澳门广播电视有限公司签署专营合约，规定："承批人须将每年经营所得总收入的 1% 作为报酬付给批给人，承批人每年还应交给批给人其广告费收入超出 1 亿澳元以外的金额的 10%。这两项年度上缴须在次年第 1 季度的最后 1 个工作日前支付给澳门财政厅……当出现特殊情况时，合约双方可协议减少或暂时中止上缴。"

二、税率

澳门的专营税税率一般为 30%，这一税率水平低于国际其他著名赌博城市政府所收缴的税收税率。美国的拉斯维加斯、欧洲的摩纳哥赌博公司所承担的税额均占投注额的 50% 以上。

三、税外的财政支持

合约是澳门特区政府向专营公司征税的依据，也是专营公司获得政府专营许可的申请。除了税收内容，在专利合约中，澳门特区政府还对专营公司提出一些特别要求，作为税外的财政支持。例如，要求专营企业为澳门地区大型项目建设和社会公益事业提供资金支持。澳门特区政府曾经要求澳门旅游娱乐有限公司负责维持港澳之间快船客运服务；新建客运码头；疏浚保养澳门内外港的航道及停泊区；致力于外港填海区建设工程；兴建公共房屋；资助基金组织，资助私立学校教育计划；兴建机场、大桥等。费用总额高达几千亿，但这些费用不是税收，而是政府强制性的公共征收。

四、专营税的发展

1999 年澳门回归祖国以后，关于专营税，《澳门特别行政区基本法》

规定：澳门特别行政区的专营税制由法律另作规定。

2002年4月1日按照预定计划，博彩监察暨协调局与澳门旅游娱乐有限公司结算其截至3月31日的经营毛利，并最后一次按照专营合约，以毛利的31.5%计算博彩税后，澳门博彩业正式开放，结束了半个多世纪的独家专营的历史。2002年2月8日，澳门博彩股份有限公司和永利度假村（澳门）股份有限公司、银河娱乐场股份有限公司一起夺得了澳门博彩业的三块牌照。2003年3月28日，该公司同特区政府签署正式经营合约，成为率先投入开放经营的第一家公司。

博彩股份有限公司博彩税率将占毛收入的35%，每年还需向特区政府交纳溢价金、相当于毛利1.6%的公共基金和毛利1.4%的城市建设款项，并负担澳门水域的航道疏浚工作。

2002年，“专营权批给”在本地经济总收入的比例由2001年的65.9%上升至2002年的71.6%。其中，居首位的博彩税收益达75.551 97亿澳元，占该项总收入的96%，同比升幅23.5%，实际增加14.396 77亿元。另外，来自足球彩票的收入达1.72亿澳元，与2001年相比，取得约37%的可观升幅。澳门的博彩业毛收入高达215亿澳元。特区政府的博彩税收入约为75亿澳元，比2001年增长了二成多。2004年“专营权批给”的博彩税收益为150.97亿澳元，较2003年上升了44.8%。

澳门近年经济起飞，但赌业之间的过度竞争亦引发社会的潜藏不稳。特首何厚铧2008年4月22日称：澳门博彩业会仅限于现在的发展规模，不再增发新的赌牌，不再批土地建新赌场；严控赌台数目，短期内不批准增设赌台；小区的角子机娱乐场要逐步迁出；任何新填的土地都不会用来发展博彩业。

多个赌场停工是对澳门博彩业的大考验。究其原因，第一是中国经济的衰退。澳门赌场的主顾是中国内地特别是南方地区的人。受最近经济不景气的影响，中国南方的工厂纷纷关门，数十万人失去了工作。由此，去澳门的赌客和赌博收入也随之减少。第二是近来中国政府对赴澳旅游签证的办理加强了管理。原来每月签发两次签证，而后改为一次，近来又减至2个月一次。经由香港绕道进入澳门的途径也被切断。对此有分析认为，加强签证管理措施对赌场主顾富人阶层和赌资大户产生了很大的影响。

第九章　其他税种

一、旅游税

澳门旅游业十分发达，旅游税是澳门特区政府财政收入的重要来源。旅游税主要向下列商号的账目发票课征：

（1）经评定为酒店的场所，包括度假村、旅游公寓式房屋、别墅、旅馆。

（2）餐厅、茶楼、咖啡室及酒吧。

（3）舞厅、歌厅及夜总会。

（4）按摩及桑拿中心。

（5）任何其他旅业或同类营业所，因其服务性质而被列为旅游业者。

下列营业所得消费金额免缴旅游税：

（1）客栈、饭店及饮品营业所。

（2）粥、粉、面店。

（3）饼店、糖果店及牛奶店。

旅游税的税率为5%，其税款不加征任何附加税项。应征税的场所必须发出销售或提供服务的证明文件。递交的税款将以发票收入或在销售及提供服务的登记文件上所记录的收入来计算。对于旅游税项应于发生该税款的翌月15日前到商号所属的财税处缴交。

二、汽车牌照费

汽车牌照费这一税项是由澳门市政厅向自用的汽车、重型电单车、轻型电单车以及其他服务的车辆等的使用征收的。其他服务的车辆包括出租汽车（的士）、用作教授驾驶技术的客车、旅行社及教育机构的车辆。

货车及客货两用出租车或教授驾驶技术的车辆缴纳与同一等级的私家车辆一样的牌照费，而属于酒店的客车则视作自用车辆。

纳税人为车主，车契上所登记的姓名应视作车主。税款须每年缴纳，按照下列的因素而定：

（1）轻型电单车：汽缸容量。

（2）重型电单车：汽缸容量及其他用途（有车斗及用于载货）。

（3）货车及客货车：最大的载货毛重。

任何行动不便的伤残人士自用的三轮车辆均豁免行车证。该税项的清算及征收非常简单，只需购买与应缴税项相应的指示牌便可。

三、社会保障基金

向雇员征收一项类似税项的供款的定额税金，给予社会保障基金作为一个保留税项。该税项由雇主负责缴付，每一本地劳工每月 20 澳元，外地劳工则为每月 30 澳元，但每一本地劳工须自付 10 澳元。

四、产地来源证

签发澳门出口商品的产地来源证必须缴税。税款为离岸价的7‰。

签发澳门出口商品的产地来源证的职权属于经济司。申请产地来源证要用专用表格，必须列出出口商品的离岸价。

五、物业转移税

物业转移税是间接税的一种。有关物业转移税的法律最早是 1901 年颁布的，按照该法律的规定，在不动产有偿转移时，须征收物业转移税。物业转移税是针对有偿性不动产转让而征收的税项，一些在民法内并未列明的事项，也被视作不动产所有权的转移，特别是下列各项：

（1）由政府批给作为发展任何工业用途的临时或永久性所有权的转移，无论是否已开始进该项发展。

（2）不动产买卖或交换的承诺在确实交付后，当买方或交换的受方已使用该物业。

（3）长期租赁或分租，以及长期收益托管。15 年或以上者视为长期。

（4）在成立公司时，当某些股东以不动产作为加入公司的资本，其他股东共同享有该不动产的部分才应缴纳物业转移税。

（5）当证明某人拥有任何物业而在案卷内并无任何缴纳登记税的记录时，应缴纳物业转移税。

物业转移税由物业转让的受方缴纳，一般来说，若双方协议的买卖价或文件上的价值相等或超过登记册内可课税收益的金额，则按此协议价或文件上的金额征收。若申报价值低于物业实际的价值，将由行政当局决定课税价，但纳税人可以提出申驳或上诉。

物业转移税的税率在澳门市为6%，在离岛市（氹仔和路环）则为4%。若转让的不动产享有房屋税的豁免，这项税率将减低2%。转移给行政公益法人或宗教团体时，可豁免物业转移税。

2003 年物业转移税已经并入印花税。

六、遗产及赠与税

遗产及赠与税是对财产收益征收的税项。澳门有关这方面的法律是于1901 年颁布的。它是针对动产和不动产无偿方式的转移，向有关遗产继承人或财产受赠人所接受的部分征收的一种税。

可课税资料由转移的资产价值所构成（减除负债的净值），税率为5% ~36%（税及2%附加），根据转移参与者的亲属关系及转让与每位继承人和受赠人资产的价值而定。接受遗产及赠与的受益人应向财政司申报，接受财产司对有关财产进行评价，最后，按法律规定的税率缴纳税款。但如果转移给每位获得者的资产价值相等或低于1 000 澳元，或转移给后裔及同类者的物业价值相等或低于2 500 澳元，则可豁免此税。

2006 年澳门特区政府停止征收遗产及赠与税。

七、离境税

澳门离境税类似于中国内地收取的“机场建设费”，但不只限于飞机乘客。1993 年，澳门第68/93/m 号法令规定，将每位从澳门前往外地（中国内地除外）的乘客运输凭证应付离境税20 澳元上调至22 澳元。（注：据澳门华侨报社专访，目前，澳门码头离境税为26 澳元，机场离境税为130 澳元。载于《华侨报》,《彭彼得陈述各业救市建议》，1998 年7 月7 日，第1 张第1 版）税款由经营从澳门前往外地乘客运输的个人或团体在发售客票时征收，于次月10 日前连同凭单一起交公钞局缴纳处。

八、机动车辆税

（1）机动车辆税的概念。机动车辆税指移转或进口机动车辆时所征收的税款。

（2）机动车辆。机动车辆指经《道路法典》界定的轻型汽车、重型汽车、客车、货车、客货车、牵引车及铰接式车，以及重型摩托车及轻型摩托车。

（3）机动车辆税的纳税范围。机动车辆税的纳税范围为：在澳门特别行政区将新机动车辆移转予消费者；进口新机动车辆供进口者自用；参与新机动车辆商业循环的经济参与人，特别是出售者、进口商及出口商，将新机动车辆拨作自用者。机动车辆税以税务价格为计税基础。税务价格由机动车辆估价委员会厘定。为此，机动车辆估价委员会具有公共当局的权力，对新机动车辆进行估价。

计税时，应按照有关可课税金额选定所属级别。如该金额与表内之计税价格级别之最高额不符时，应把有关金额分成两部分计税：第一部分，将比所属级别较低一级之最高数额乘以（b）栏所示之平均税率；第二部分，将余下差额的数额乘以所属级别（a）栏之相应税率。见表2－7。

表2－7 机动车辆税之税率表

I——汽车

计税价格级别（澳元）	每一级别的相应税率（a）	在结算时采用的平均税率（b）
100 000 以下	——	30%
100 000 ~ 200 000	40%	35%
200 000 ~ 300 000	65%	45%
300 000 ~ 500 000	70%	55%
500 000 以上	——	55%

II——重型摩托车及轻型摩托车

计税价格级别（澳元）	每一级别的相应税率（a）	在结算时采用的平均税率（b）
15 000 以下	——	10%
15 000 ~25 000	35%	20%
25 000 ~ 40 000	40%	30%
40 000 以上	——	30%

第三编　台湾税制

第一章　台湾税制概述

宝岛台湾是镶嵌在中国版图上的一颗璀璨的明珠。它位于我国东南海面上，东临太平洋，西隔台湾海峡，与福建省相望，共有陆地面积3.6万平方千米，居民2 268万人。近几十年来，台湾经济飞速发展，为适应经济发展的需要，台湾税制也经历了多次的改革。台湾税制与大陆税制有明显的相似之处，但由于历史及地理等方面的原因，台湾税制又有其自身的特点。了解台湾税制，对加强两岸经济文化等各个领域的交流与联系，促进祖国统一大业有着积极的意义。

通过本章读者可以了解：台湾税制的概貌，包括台湾税制的历史沿革，台湾税收思想的演变，台湾税制的结构、特点等。

第一节　台湾赋税制度的历史沿革

二战结束以前，台湾处于日本的统治之下，日据时期的台湾税制，名目繁多，苛捐杂税盛行，人民负担甚重。二战结束后台湾光复回到祖国，国民党政府调整了财政和税制体制。1946年，国民党政府财政部公布了《整理台湾税制五原则》，规定要彻底贯彻租税“公平合理”的宗旨，废除有碍民生的苛捐杂税，提高起征点，降低税率，并修正台湾当时复杂烦琐的税法与整顿税制工作。

1949年，国民党政府迁台，面对当时的客观形势，为发展台湾解决财政困难，台湾选择发展劳动力密集型的进口替代产业，并采取一系列的财税配套措施，于1951年实行《统一稽征条例》、《统一发票制度》。自此以后，随着台湾经济的发展，台湾当局在各个时期均采取不同的措施，对税制进行改革，以配合经济发展的需要。台湾历次税制改革具体如下：

一、1950年税制改革

1950年，台湾成立了“税制改革委员会”，专门负责税制改革。改革前台湾税制以户税为中心，税制混乱烦琐。1951年采用新税制，实施《统一稽征条例》、《统一发票制度》，制定了税捐统一稽征方法，融合各税，将过去地方征收的户税和省征收的所得税配合课征，并实施统一的发票制度，推行商业会计办法，建立营利事业所得税。同时，简化税目，降低税率，统一罚则，颁布税种表，强化税收管理，这些措施在当时收到明显的财政效果。

二、1958年税制改革

20世纪50年代末期，台湾除逐渐调整内向型经济发展策略外，更积极地扩大本地市场以持续促进经济发展。面对经济发展亟须资金的情况，台湾当局于1958年成立“赋税研究小组”，研究财税措施以吸引资金，扩大投资。1960年9月，台湾具体制定《奖励投资条例》，扩大税收减免，改善投资环境，吸引外资，并鼓励生产事业的投资，提高经济发展的层次，同时全面修订所得税法，建立所得税申报制度，建立和健全以直接税为中心的税制。当时改革的另一重点是激励本地产品输出。为提高本地产品能力，实行外销退税制度，设立保税仓库及工厂，统筹办理保税及代办理退税事宜；而对境内工业，台湾则采用高进口关税及对进口货品采取严厉的管制来进行保护。这次税制改革对促进台湾经济发展，将内向型经济结构转变为以外销为导向的外向型经济结构起到了重要的作用。

三、1968年的税制改革

1968年3月，台湾成立“赋税改革委员会”，进行第三次赋税改革。当时，台湾经济已获得相当程度的发展，内外需求日益加强，但租税结构和税务行政亟须加强，奖励投资条例和关税保护措施也有待修正。此次赋税改革一是对税制结构进行了全面的检讨，提出改革的方案；二是估算财政收入成长与支持经济发展需求之间的配合。通过改革修正了奖励投资条例，全盘修正了所得税法，改进外销冲退税办法，修正关税和进口管制，并逐步推进了加值型营业税的实施。在税务行政上规划设立了财税资料中心，推进征收管理自动化，成立财税人员培训所，加强税务人员的培训。

四、1986 年税制改革

20 世纪 80 年代以来，面对经济发展和优化税制提出的要求，台湾对税制作了通盘性的检讨。当时台湾经济受国际经济停滞的影响，境内投资意愿低落，台湾当局继续推行奖励投资条例，并在几年内一再修正，重点鼓励资本及技术密集工业的发展。同时，逐渐撤除进口限制，大幅调降进口关税，继续推动进口自由化措施。在降低进口关税的同时，逐步取消《外销冲退方案》，以提高本地产品的竞争力。1986 年，台湾成立“赋税改革委员会”，以 2 年的时间对税制的实施情况作通盘性的检讨，提出了 76 份研究报告，主要税收建议有：综合所得税、缩小减免范围、扩大税基、营利事业所得税减免双重课税、缩小货物税征税范围、土地增值税、课征能源税与污染税等。

五、1998 年税制改革

此次改革主要是解决台湾股息所得在公司和股东两个层次上重复课税的难题，实施“所得税两税合一”制度。在实行“两税合一”改革前，台湾企业所得在公司环节征收营利事业所得税后，税后利润分配给股东时又再征综合所得税，如此重复课征，使股利的税负合计最高可达 55%，极大影响了人们投资的积极性，并且还造成公司增加未分配利润持留来规避税负的现象。台湾 1996 年开始着手“两税合一”改革的可行性研究，拟采取“扣抵法”来解决重复课税的问题，即公司已缴纳的所得税允许用以抵扣股东的综合所得税。台湾通过“两税合一”所得税修改草案，于 1998 年元旦开始实施。

六、1999 年至 2006 年

增订信托税制，列入所得税、遗产税；土地税法、房屋税条例、最低税负制之公布施行；关系企业移转定价及查核。

台湾税制通过历次改革，使台湾的租税制度逐步健全，使台湾财政收支趋于稳健，促进了经济的持续发展。

第二节　台湾税制的特点

一、税种结构

（1）台湾现行的租税结构，若依照财政收支划分法的规定，可分“中央税”、省及直辖市税、县市税（地方税）3级。

①“中央税”：营利事业所得税、综合所得税、遗产税及赠与税、货物税、证券交易税、关税、矿税。

②省及直辖市税：营业税、印花税、使用牌照税。

③县市税：田赋、地价税、土地增值税、房屋税、契税、娱乐税。

（2）以上租税按性质可分为直接税和间接税。

①直接税：营利事业所得税、综合所得税、遗产税及赠与税、证券交易税、矿税、房屋税、契税。

②间接税：关税、货物税、营业税、印花税、使用牌照税、娱乐税。

二、税制的特点

（一）税制结构中所得税、销售税、财产税三大体系并存

赋税结构要能兼顾经济发展、资源配置、社会公平及人民均富的政策。在台湾现行的税制中，三大税系并存，台湾对税种结构的设计，一方面是为了适应经济发展和施政要求，另一方面也使税收结构继续调整改善，同时强调税收负担公平合理和保持税收收入弹性。台湾税目的种类逐步简化，税制的重心也由农业社会的财产税体系逐渐转移到工商业社会以所得税和销售税制体系为主的租税体制，其中所得税占主要地位，且在赋税收入中的比重逐年提高。

（二）税收负担具有弹性

台湾的税收负担极具弹性，在通货膨胀的情况下，利用物价指数连动法，根据消费者物价指数进行调整，以消除通货膨胀对纳税人造成的不利影响。

（三）税制随着经济的发展历经改革，以适应经济发展的需要

从台湾税制历次检讨和改革来看，多年来，台湾税收制度均随着不同的经济发展阶段及社会需要，采取不同的税制。各阶段对税收功能的利用

比较齐全，注意运用税收组织财政收入，保护幼稚产业，鼓励投资、储蓄、出口、科技进步、产业升级，还注意调节收入，优化资源配置等，以配合经济发展的需要。

第三节　台湾的税务法制和管理

一、税务法制

台湾税务法制，基本上做到了立法、司法、行政三权分立。赋税法规的出台，先由负责赋税改革的机构提出改革方案，再经“行政院”认可，交“立法院”审议。在立法权划分上，“中央”集中了大部分权力，地方制定有关税赋必须以“中央”制定的各税法为依据，不得与之相抵触。

在台湾三级政府税务行政机关中，“行政院”、“财政部”是台湾最高税务行政机关，“财政部”中有关税务单位分别主管各地的税务行政或稽征事务。

“财政部”赋税署和关政司下设有“监察院”。“监察院”审计部有权对税务部门的财务收支进行审计。

二、纳税申报、缴纳及缓缴规定

（一）纳税申报、缴纳

台湾的税收主要采用纳税人自行结算申报及缴纳和代扣代缴两种方式。

（1）自行申报及缴纳：纳税人自行核定应纳税额，自行向税务稽征机关申报，并在税务机关规定的期限内自行缴纳税款。

（2）代扣代缴：各项税款由扣缴义务人在支付时按规定的扣缴税率进行扣缴，并于规定的期间向税务稽征机关缴纳。

（二）缓缴规定

纳税人因天灾、事变或遭受重大财产损失，不能于法定期间内缴清税款，可于规定纳税期间内向税务稽征机关申请延期或分期缴纳。其延期或分期缴纳的期间不得超过 3 年。

三、税务保全

税务保全措施共有以下六条：

（1）提供纳税担保人。

（2）提供财产担保。

（3）欠缴的应纳税款，不能转移或设定他项权利，如果纳税人为营利事业，则限制其减资或注销登记。

（4）如果纳税人有隐匿或转移财产，逃避纳税的迹象，稽征机关可申请法院对其财产实施扣押。

（5）对欠缴税款达到一定金额者，由司法机关或“财政部”函请“内政部”出入境管理限制其出境。

（6）在一定条件下，对于未能提供相当担保的纳税人，税务稽征机关可以在征收期开始前，提前征收其应缴纳的税款。

四、税务检查

税务检查分为调查和搜查。

（1）调查。调查是指由税务稽征机关指定的调查人员，为取得课税资料，向有关机关、团体或个人进行调查。调查人员可以要求提示有关文件，或通知纳税人到其办公处所接受查询，纳税人不得拒绝。纳税人及其他关系人提供账簿、文据时，稽征机关应印制收据，除涉嫌违章、漏税情况外，账簿、文据应于7日内退还纳税人。

（2）搜查。搜查是指稽征机关对逃漏税等涉有犯罪案件，在取得当地司法机关签发的搜查证后，会同当地警察或自治人员，进入藏置账簿文件或证物的住所实施搜查。搜查时纳税人或其代理人必须在场，经搜查获得的有关账簿文件或证物，都由参加搜查的人员带回稽征机关依法处理。在税务检查中，稽征人员对于纳税人提供的财产、所得、营业及纳税等资料，除纳税人本人或其继承人、纳税人授权的代理人或辩护人、稽征机关等有关机关外，应绝对保密。对于重大欠税及逃漏税案件，经稽征机关决定后，公告欠税人或逃漏税款人的姓名和逃漏情况。

五、行政救济

税务行政救济分为申请复查及诉愿和行政诉讼。

（1）申请复查。纳税人如果对核定税款的处理不服，应按规定格式，叙明理由，连同证明文件于缴纳期间届满翌日起30日内申请复查。

（2）诉愿和行政诉讼。纳税人如果对税收稽征机关的复查决定不服，可依法提起诉愿和行政诉讼。

税务机关在接到复查决定书、诉愿决定书或行政法院判决书正本后10日内，分别填发收入退还书或补缴税款通知书。此项应退还或补征的税款，应自纳税人缴纳或应纳该税款之日起，至填发收入退还书或补缴通知书之日，根据银行一年定期存款利率，按日加计利息，一并退还或补征。

（3）行政救济的受理机关。见表3－1。

表3－1　行政救济的受理机关

项目	复查	诉愿	行政诉讼（第一审）	行政诉讼（第二审）
直辖市之国税	直辖市国税局	“财政部”	“高等行政法院”	“最高行政法院”
直辖市之地方税	直辖市税捐稽征处	直辖市政府	“高等行政法院”	“最高行政法院”
台湾省之国税	各区国税局	“财政部”	“高等行政法院”	“最高行政法院”
台湾省之地方税	各县（市）税捐稽征处	各县市政府	“高等行政法院”	“最高行政法院”

（4）行政诉讼审判的内容。见表3－2。

表3－2　行政诉讼审判的内容

项目	行政诉讼（第一审）	行政诉讼（第二审）
受理法院	“高等行政法院”	“最高行政法院”
提出诉讼之原因	（1）依诉愿法提起诉愿而不服其决定。 （2）提起诉愿逾三个月不为决定。 （3）延长诉愿决定期间2个月不为决定者。	对于“高等行政法院”之判决，除法律另有规定外，得上诉于“最高行政法院”。

（续上表）

项目	行政诉讼（第一审）	行政诉讼（第二审）
提出诉讼之期间	（1）上述（1）得于诉愿决定书送达后2个月内为之。 （2）上述（2）（3）诉愿机关法定应为决定期间届满时。	应于“高等行政法院”判决送达后，20日内为之。
判决之效力	（1）行政法院之判决，就其事项有拘束各关系机关之效力。 （2）原决定经判决撤销后，机关须重为决定者，应依判决意旨为之。 （3）有行政诉讼法第二百七十三条规定之情形者，征纳双方皆得于30日内提起再审之诉。上述期间自判决确定时起算，但再审之理由知悉在后者，自知悉时起算。 （4）对于审级不同之行政法院就同一事件所为判决提起再审之诉者，由“最高行政法院”合并管辖之。	同左

六、强制执行

如果纳税人在缴纳期届满30日后仍未缴纳，则由税务机关移送法院强制执行。但如果纳税人已依规定申请复查的，可暂缓移送法院强制执行。

纳税义务人按规定申请复查的暂缓移送执行案件，除有下列情形之一外，稽征机关都应移送法院强制执行：

（1）纳税人对复查决定的应纳税额缴纳半数，并依法提起诉愿。

（2）纳税人依规定缴纳半数税额确有困难，经稽征机关核实情况且可准提供相当担保的。

七、主要罚则

（一）对纳税人逃漏税款的处罚

纳税人以诈术或其他不正当方法逃漏税款，处5年以下有期徒刑，拘役或课60 000台币以下罚金。代征人或扣缴义务人以诈术或其他不正当方法匿报、短报、短征或不为代征或扣缴税款的，处5年以下有期徒刑，拘役或课60 000台币以下罚金。

教唆或帮助逃漏税者，处3年以下有期徒刑，拘役或课60 000台币以下罚金。税务人员、执行业务的律师、会计师或其他合法代理人教唆或帮助逃漏税者，其刑加重一半。

（二）对违反账簿、票证管理规定的处罚

营利事业未给予他人凭证，未取得他人凭证或应保存凭证而未保存的，应就凭证的总额，处5%罚金。

不按规定设置账簿，或不依规定记载业务事项的，处3 000台币以上7 500台币以下罚金，并应通知其在1个月内按规定设置账簿或记载。期满仍未依照规定设置或记载的，处7 500台币以上15 000台币以下罚金，并再通知其于1个月内按规定设置或记载。如果仍未依照规定设置或记载的，应予停业处分，至其按规定设置或记载账簿时才予复业。

按规定应验印的账簿，未在规定期限内送请主管稽征机关验印的，除应限期补办外，处1 500台币以上15 000台币以下罚金，逾期仍未补办的，连续处罚至补办为止。

不按规定保存账簿或无正当理由而不将账簿留置于营业场所的，处15 000台币以上60 000台币以下罚金。

（三）拒绝接受税收检查的处罚

拒绝税务稽征机关调查或拒不提示有关课税资料文件的，处3 000台币以上30 000台币以下罚金。

纳税人经稽征机关通知到达备询，纳税人或受委任的合法代理人，如无正当理由而拒不到达备询的，处3 000台币以下罚金。

八、租税赦免

纳税人符合以下情况的，可获得租税赦免，见表3－3。

表3-3　租税赦免

种类	要件	免除处罚	法条
自动报缴免罚	(1) 自动报缴税款。 (2) 自动补缴税款。 (3) 未经检举。 (4) 未经稽征机关或“财政部”指定之调查人员进行调查。 (5) 加计利息缴税。	(1) 得免其刑事责任。 (2) 免除法第四十一至四十五条之处罚。 (3) 各税法所订关于逃漏税之处罚（行为罚不在免除之列）。	《统一稽征条例》第四十八条第一款
情节轻征减免	(1) 其情节轻微。 (2) 漏税在一定金额以下者。	得减轻或免予处罚	《统一稽征条例》第四十八条第二款

(1) 所谓“未经检举”，指未经他人向稽征机关或其他有权调查之机关检举而言。

(2) 所谓“进行调查”，指其进行调查时间之认定，应以稽征机关人员着手（包括函查调卷等）调查之日期为准。

(3) 所谓“稽征机关或财政部指定之调查人员”，是指省、市各税捐稽征机关或“财政部”指定之稽核人员，并不包括调查局所属之处在内。见表3-3。

第二章　所得税法——综合所得税
(Consolidated Income Tax)

综合所得税是台湾对个人在一定期间内的净所得征收的一种税。它相当于大陆实行的个人所得税。台湾综合所得税对个人各类所得加以合并，减除不同免税额的余额课征，采用累进税率，重课高所得者，轻课低所得者，以符合人民的纳税能力，并达到平衡社会财富分配的目的。

通过本章读者可以了解：综合所得税的概念与特点、课税对象与范围、纳税人、税收优惠、税率和应纳税额的计算以及税款的征收管理等。

第一节　综合所得税概述

一、综合所得税的概念

综合所得税是台湾对个人在一定期间内（通常为1年）的净所得征收的一种税。

所谓“净所得”，指个人在一定期间内的综合所得总额，减除依法规定的免税额、扣除额后的余额。

二、综合所得税的意义和特点

个人所得税就制度而言，可分为分类所得税制、综合所得税制和分类综合所得税制三种。综合所得税是将纳税人的各种所得加以合并，按其家庭状况，准予按累进税率征税，由于这种税制较符合量能课税原则，因此被视为比较理想的税制，台湾目前个人所得税即采用此税制。

综合所得税的特点：

（1）税基广阔，税源丰富，税收充沛而固定。

（2）税收极具弹性，与经济循环息息相关。

（3）计税时将纳税人的各种所得合并起来，计算出总所得。

（4）总所得准予减除不同免税额等项目，以其余额来衡量纳税能力，符合量能负担原则。

第二节　综合所得税的纳税人和征税范围

一、纳税人

综合所得税的纳税人是指任何有台湾境内来源所得的个人，不论其为台湾人或非台湾人，也不论其是否居住在台湾境内。

纳税人具体包括下列两类：

（1）台湾境内居住的个人。其课税方式，原则上采取申报纳税的方式。所谓台湾境内居住的个人，指下列两种：

①在台湾境内有住所，并经常居住在台湾境内的个人；

②在台湾境内无住所，而在一个纳税年度内在台湾境内居留合计满183天的个人。

（2）有台湾来源所得，但非台湾境内居住的个人。其课税方式，原则上采用扣缴纳税方式。

二、征税范围

所得税法规定，凡有台湾来源的所得，均应缴纳综合所得税。因此综合所得税的征税对象是任何来源于台湾境内的所得，但对台湾地区的个人，其来源于台湾、大陆的所得都须缴纳综合所得税，对大陆所得，采用税额扣抵制度，以避免重复征税。

依所得税法、台湾地区与大陆地区人民关系条例及香港澳门关系条例，有关综合所得税课征汇总见表3－4。

表3－4　征税范围

所得来源	取得所得者	是否课综合所得税
台湾地区来源所得	（1）台湾地区居民所得	课
	（2）大陆、香港、澳门居民所得	课（就源扣缴）
	（3）其他外国人所得	课

（续上表）

所得来源	取得所得者	是否课综合所得税
大陆地区来源所得	（1）台湾地区居民所得	课（合并申报）
	（2）大陆、香港、澳门居民所得	不课
	（3）其他外国人所得	不课
其他国外所得及香港澳门地区来源所得	不在课税范围之中	不课

台湾综合所得税采用属地主义原则，仅针对台湾来源所得课税。所谓台湾来源所得，指在台湾境内发生的所得。所得范围规定如下：

（1）公司股利。

（2）盈余。

（3）劳务报酬。

（4）利息所得。

（5）租赁所得。

（6）财产交易所得。

（7）权利金所得。

（8）竞技、竞赛或机会中奖所得。

（9）其他所得。

上述所得认定，均以在台湾境内发生为标准。具体指：分配股利的公司依台湾公司法规登记设立或经认许；分配盈余的合作社、合伙所或其他企业在台湾境内经营；劳务提供地在台湾境内；利息取自台湾境内；出租或交易的财产在台湾境内；专利权、商标权、著作权、秘密方法及各种特许权，在台湾境内提供他人使用；竞技、竞赛或机会中奖在台湾境内参加；其他各项收益在台湾境内取得。但劳动报酬的认定标准，有下列例外：

（1）台湾派境外工作人员，及其一般雇用人员在境外提供劳务的报酬，其提供劳务地虽不在台湾境内，但仍被视为台湾来源所得。

（2）非台湾境内居住的个人，在一个纳税年度内在台湾境内居留合计不超过 90 天者，其自台湾境外雇主所取得的劳务报酬，不包括在台湾来源所得范围内。

第三节　综合所得税的税收优惠

一、主要豁免

所得税法规定，在来源于台湾的所得中，部分所得免纳综合所得税，主要规定如下：

（1）现役军人的薪饷。

（2）托儿所、幼稚园、公私立小学、中学的教职员薪资。

（3）公、教、军、警人员及劳工所领政府发给的特支费、实物配给或其代金及房租津贴。公营机构服务人员所领单一薪俸中，包括相当于实物配给及房租津贴部分。

（4）具有强制性质储蓄存款的利息。

（5）人身保险、劳工保险及军、公教保险的保险给付。

（6）伤害或死亡的损害赔偿金，及依国家赔偿法规定取得的赔偿金。

（7）个人因执行职务而死亡，其遗族依法令或规定领取的抚恤金或死亡补偿。

（8）台湾地区“政府”、外国政府、国际机构，或教育、文化、科学研究机构，或其他公私组织，为奖励进修研究或参加科学或职业训练而给予的奖学金及研究、考察补助费等。

（9）从外国聘请的技术人员及大专学校教授，依据合约在台湾境内提供劳务者，其由外国政府机关、团体或教育、文化机构所付的薪资。

（10）个人出售1973年12月31日前持有股份有限公司股票或公司债，其交易所得额中，属于1973年12月31日前发生的部分。

（11）个人出售土地、家庭日常使用的衣物、家具，其交易的所得。但其交易损失也不得扣除。

（12）因继承、受遗赠或受赠与而取得的财产。但受营利事业赠与的财产，不得减免。

（13）个人稿费、版税、乐谱、作曲、编剧、漫画、讲演的钟点费等收入。但全年合计数不得超过18万台币。

（14）政府机关或其委托的学术团体办理各种考试及各级公私立学校办理入学考试，发给试务人员的各种工作费用。

(15) 台湾自1990年1月1日起，证券交易所得停止征收所得税，证券交易损失也不得从所得额中减除。

(16) 依期货交易税条例课征期货交易税的期货交易所得，暂停征收所得税；其交易损失也不得从所得额中减除。

(17) 各国驻台湾“使领馆”的“外交官”、“领事官”及其他享受“外交官”待遇人员在职务上的所得。

(18) 各国驻台湾“使领馆”及其附属机关内，除“外交官”、“领事官”及享受“外交官”待遇的人员以外的其他各该国国籍职员在职务上的所得。

二、其他减免规定

下列所得一半列入所得，其余一半免税：

(1) 购买或取得股份有限公司的记名股票或记名公司债，各级政府发行的债券或银行经政府核准发行的开发债券，持有满1年后出售的交易所得。

(2) 自力经营林业的所得。但经营森林业采用间伐、轮伐者除外。

(3) 受雇从事远洋渔业，在每次出海后一次分配的报酬。

(4) 一次给付的抚恤金或死亡补偿，超过规定部分。

(5) 因耕地出租人收回耕地，而依平均地权条例规定给予的补偿。

三、亏损的税务处理

按照规定，在计算个人综合所得总额时，如纳税人及其配偶经营2个以上独资经营或合伙经营使用蓝色申报书的营利事业，其中有亏损的，可将核定的亏损在同年期核定的营利所得中减除，以其余额为所得额。

财产交易所得与同年期的财产交易损失可以互抵，未抵尽的交易损失可以后延3年扣抵。

第四节　综合所得税计税依据

一、计税依据

综合所得税的计税依据，因纳税义务人不同而有差异。

（一）境内居住的个人

境内居住的个人，应办理结算申报，其计税依据为综合所得净额。一般公式为：

综合所得净额 = 综合所得总额 − 免税额 − 扣除额

但有两种特殊情况：

（1）纳税义务人年度中离境或年度中死亡，而无配偶居住在境内者，计算公式为：

综合所得净额 = 综合所得总额 −［（免税额 + 扣除额）×（境内居留天数/365）］

（2）配偶分别计税时，计算公式为：

配偶薪资所得净额 = 配偶薪资所得 − 配偶免税额 − 配偶薪资特别扣除额

（二）非境内居住的个人

非境内居住的个人的计税依据为其取得的所有台湾来源收入金额，扣除相关的成本费用后的余额，若有扣缴义务人，由扣缴义务人扣缴税款。

二、综合所得总额

个人的综合所得总额，是将其全年各类所得合并计算而成，各类所得如下：

（一）营利所得

（1）公司股东所分配的股利。公司的应付股利，在股东会决议分配盈余之日起6个月内尚未给付者，视同给付。

（2）合作社社员所分配的盈余。

（3）合伙组织营利事业的合伙人每年度应分配的盈余、独资资本主每年自其独资经营事业所得的盈余，及个人“一时贸易”的盈余等都包括在内。其计算如下：

①公司股东所获分配的股利或合作社社员所获分配的盈余总额应按股利凭单所载股利净额或盈余净额与可扣抵税额的合计数计算；

②合伙人应分配盈余总额及独资资本主经营独资事业所得的盈余总额，应按核定的营利事业所得额计算；

③所谓“一时贸易”的盈余，是指非营利事业组织的个人，买卖商品而取得的盈余，其计算适用所得税法关于计算营利事业所得额的规定。

（二）执行业务所得

（1）执行业务者，包括律师、会计师、建筑师、技师、医师、药师、助产士、著作人、经纪人、代书人、工匠、表演人及其他以技艺自力营生者。

(2) 稿费、版税、乐谱、作曲、编剧、漫画及讲演的钟点费收入，均为执行业务所得。

(3) 凡执行业务者的业务或演技收入，减除业务所用房屋折旧、业务上使用器材设备的折旧及修理费，或收取代价提供顾客使用的药品、材料等的成本、业务上雇用人员的薪资，执行业务的旅费及其他直接必要费用后的余额为所得额。

（三）薪资所得

包括公、教、军、警、公私事业职工薪资及提供劳务者的所得。

(1) 薪资所得的计算，以在职务上或工作上取得的各种薪资收入为所得额。

(2) 薪资包括：薪金、俸给、工资、津贴、岁费、奖金、红利、各种补助费。但为雇主的目的执行业务而支领的差旅费、日支费、加班费，不超过规定标准的，及依法免税的项目，不包括在内。

（四）利息所得

包括公债、公司债、金融债券、各种短期票券、存款及其他贷出款项利息的所得。

（五）租赁所得及权利金所得

以有形财产出租的租金所得、财产出典典价经运用的所得为租赁所得；以专利权、商标权、著作权、秘密方法及各种特许权利，供他人使用而取得的所得为权利金所得。

(1) 财产租赁所得及权利金所得的计算，以全年租赁收入或权利金收入，减除必要损耗及费用后的余额为所得额。

(2) 设定定期的永佃权和地上权取得的各种所得，视为租赁所得。

(3) 财产出租，收有押金或任何类似押金的款项，或以财产出典而取得典价的，均应就各该款项按当地银行业通行的一年期存款利率，计算租赁收入。

(4) 将财产借与他人（指本人、配偶及直系亲属以外的个人或法人）使用，除经查明确是无偿且非供营业或执行业务者使用外，应按照当地一般租金计算租赁收入。

(5) 财产出租，其约定的租金，如果明显比当地一般租金低，稽征机关应参照当地一般租金调整计算租赁收入。

（六）自力耕作渔牧林矿的所得

以全年收入减除成本及必要费用后的余额为所得额。

（七）财产交易所得

包括不是为经常买进、卖出的营利活动而持有的各种财产及权利，因买卖或交换而发生的增益。

财产或权利原为出价取得者，以交易时的成交价额，减除原始取得的成本（如果财产或权利原为继承或受赠而取得者，减除继承时或受赠时该项财产或权利的时价），及因取得、改良及移转该项资产而支付的一切费用后的余额为所得额。

（八）因竞技、竞赛及机会中奖的奖金或给予

参加各种竞技比赛及各种机会中奖的奖金或给予，减除参加竞技、竞赛所支付的必要费用与参加机会中奖所支付的成本的余额为所得额。另外，政府举办的奖券中奖奖金，除依规定扣缴税款外，不并入综合所得总额。

（九）退职所得

包括个人领取的退休金、资遣费、退职金、离职金、终身俸及不属于保险给付的养老金等所得。但个人领取历年自薪资所得中自行缴付储金的部分及其孳息，不包括在内。

（1）一次领取者，其所得额按下列方式计算：

①一次领取总额不超过15.6万台币（基准金额）乘以退职服务年资的金额者，所得额为零；

②超过15.6万台币（基准金额）乘以退职服务年资的金额，未达31.2万台币（基准金额）乘以退职服务年资的金额部分，以其一半为所得额；

③超过31.2万台币（基准金额）乘以退职服务年资的金额部分，全部为所得额。

退职服务年资的尾数未满6个月的，以半年计；满6个月的，以1年计。

（2）分期领取者，以全年领取总额，减除67.6万台币（基准金额）后的余额为所得额。

（3）兼领一次退休金及分期退休者，前两项规定可减除的金额，应依其领取一次及分期退休金的比例分别计算。本项规定的金额，每遇消费者物价指数较上次调整年度的指数上涨累计达3%以上时，按上涨程度调整。调整金额以千台币为单位，未达千台币者按百台币数四舍五入。

（十）其他所得

不属于前述各类的所得，以其收入额减除成本及必要费用后的余额为所得额。

三、免税额及扣除额

（一）免税额

（1）纳税人按规定减除其本人、配偶及符合规定扶养亲属的免税额。

（2）综合所得税的免税额，以每人全年6万台币为基准。免税额每遇到消费者物价指数比上次调整年度的指数上涨累计达3%以上时，按上涨程度调整。所谓消费者物价指数是指至上年度10月底为止12个月的平均消费者物价指数。

（3）免税额的金额，在每年开始前公告。2006年至2007年均为7.7万台币。

（4）年满70周岁受纳税人扶养者，免税额增加50%。2006年至2007年均为11.55万台币。

（二）扣除额

扣除额可分为一般扣除额及特别扣除额两种。

1. 一般扣除额

一般扣除额包括标准扣除额和列举扣除额：

（1）标准扣除额：以纳税人个人扣除3.8万台币，有配偶者6万台币为基准金额，并应按所得水准及基本生活变动情形，每3年评估一次。2006年至2007年均分别为4.6万台币、9.2万台币。

（2）列举扣除额有五类：

① 捐赠：除另有规定外，对于教育、文化、公益、慈善机构或团体的捐赠，捐赠额不得超过综合所得总额20%。

②医药及生育费：纳税人及其配偶或受扶养亲属的此项扣除，必须以付给公立医院、公务人员保险特约医院、劳工保险特约医疗院（所）等会计记录完备正确的医院，并检附医疗院所开具的单据为条件。

但受有保险给付部分，不得扣除。

③保险费：纳税人本人、配偶及直系亲属的人身保险，劳工保险及军、公、教保险的保险费。但每人每年扣除数额不得超过2.4万台币。

④灾害损失：纳税人及其配偶与扶养亲属遭受不可抗力的灾害损失。

但受有保险赔偿或救济金部分，不得扣除。

⑤ 购屋借款利息：纳税人购买自用住宅（限一屋），向金融机构借款所支付的利息，其每一申报户每年扣除数额不得超过30万台币。但申报有储蓄投资特别扣除额的，其申报的储蓄投资特别扣除金额应在上项购屋借款利息中减除。

2. 特别扣除额

特别扣除额有五类：

（1）薪资所得特别扣除：纳税人及与其合并计算税额报缴的个人有薪资所得者，每人每年扣除基准金额5.2万台币，其申报的薪资所得未达5.2万台币的，薪资所得额全数扣除。此项扣除按所得水准及基本生活变动情形，每3年评估一次。2006年至2007年均为7.8万台币。

（2）财产交易损失：纳税人及其配偶、扶养亲属财产交易损失，其每年度扣除额，不得超过当年度申报的财产交易所得；当年度无财产交易所得可供扣除，或扣除不足的，可在以后3年度的财产交易所得扣除。

（3）储蓄投资特别扣除：纳税人及与其合并报缴综合所得税的配偶和受其扶养的亲属存款或债券利息、储蓄性质信托资金收益、股利等所得，合计全年不超过27万台币的，准予全数扣除。超过27万元的，以27万台币为限额。但依邮政储金法规定免税的存簿储金利息和本法规定分离课税的短期票券利息不包括在内。

纳税义务人及与其合并报缴的配偶和受其扶养亲属，自1999年1月1日起取得公司公开发行并上市的记名股票的股利，不适用此规定。

（4）残障特别扣除：符合规定者每人每年扣除基准金额6.3万台币。并应依所得水准及基本生活变动情形，每3年评估一次。2006年至2007年均为7.7万台币。

（5）教育学费特别扣除：纳税人的子女就读大专以上院校的教育学费，每年可以扣除2.5万台币。但空中大学、专校及五专前3年及已接受政府补助或领有奖学金者除外。

3. 一般扣除额及特别扣除额的适用情形

（1）纳税人就一般扣除额择一减除外，并减除特别扣除额。

（2）经纳税人选定填明适用标准扣除额，或依规定视为已选定适用标准扣除额者，经核定后，不得要求变更。

（3）标准扣除额除可自行选用的纳税人外，依法免办申报者、应办理申报而未办理经稽征机关核定应纳税额者，仅能适用标准扣除额。结算申报书中未列举扣除额，也未填明适用标准扣除额的，视为已选定适用标准扣除额。

（4）纳税人的配偶，其薪资所得依规定分开计算税额，配偶本人的免税额及薪资所得特别扣除额，应自配偶本人的薪资所得中减除，纳税人不得再减除配偶的免税额；其余符合前项规定的免税额或扣除额不得从配偶的薪资所得中减除，应一律由纳税人申报减除。

（5）免税额及标准扣除额的计算，无论是在年度中结婚或生子，都可以按全额计算。个人在年度进行中死亡或离境的，其免税额及标准扣除额如下：

①仍由配偶办理申报的，均准予全额减除；

②如无配偶或配偶不在境内，则应按该年度死亡前日数，或在台湾境内居住日数，占全年日数的比例，换算减除。

第五节　综合所得税的税率和税额计算

一、税率

（1）境内居住的个人适用差额累进税率 。1997—1999 年税率见表3－5。

表3－5　1997—1999 年税率

级别	基准级距金额 综合所得净额（台币）	物价指数调整后级距金额 综合所得净额（台币）	税率 （%）	累进差额 （台币）
1	0 ~ 300 000	0 ~ 370 000	6	—
2	300 000 ~ 800 000	370 000 ~ 990 000	13	25 900
3	800 000 ~ 1 600 000	990 000 ~ 1 980 000	21	105 100
4	1 600 000 ~ 3 000 000	1 980 000 ~ 3 720 000	30	283 300
5	3 000 000 以上	3 720 000 以上	40	655 300

注：课税级距的金额每遇消费者物价指数按上次调整年度的指数上涨累计达 10%以上时，按上涨程度调整。调整金额以万台币为单位，未达万台币的按千台币数四舍五入。

（2）各类所得适用的扣缴率。如为财产交易所得或自力耕作渔牧林矿所得为35%；如为其他则为20%。

（3）扣缴纳税人适用各类所得的扣缴率，以20%为原则。各类所得的扣缴率见表3－6。

表3－6　各类所得的扣缴率

所得种类	扣缴率	
	境内居住的个人	非境内居住的个人
股利、盈余	（免扣缴）	20%或35%
执行业务者报酬	10%	20%
薪资	10%或按薪资所得扣缴办法扣缴，非固定薪资6%	20%（但政府派驻国外人员所领政府发给的薪资，其全月给付总额超过3万台币部分为5%）
佣金	10%	20%
利息	10%；短期票券利息20%	20%；短期票券利息20%
租金	10%	20%
权利金	15%	20%
竞技、竞赛或机会中奖的奖金或给予	15%；政府举办的奖券中奖奖金为20%（分离课税）	20%
退职所得	6%（应课税部分）	20%（应课税部分）

注：

（1）非台湾居住的个人，按条例投资营利事业，每年取得的股利、盈余，按20%扣缴，否则按30%扣缴。

（2）大陆地区个人有台湾地区来源所得的，按台湾境内居住的个人适用的扣缴率办理扣缴，除免税规定外，一律按10%的扣缴率扣缴。

二、税额的计算

（一）申报纳税

1. 境内居住的个人

（1）纳税人与其配偶的所得全部合并申报纳税时：

申报应补（退）税额＝综合所得净额×级距税率－累进差额－抵减额－扣缴税额

（2）纳税义务人与其配偶的薪资所得分别计算税额，而由纳税人合并缴纳时：

应补（退）税额A＝纳税义务人及其扶养亲属的综合所得净额×级距税率－累进差额－抵减额－扣缴税额

应补（退）税额B＝配偶薪资所得净额×级距税率－累进差额－抵减额－扣缴税额

应纳（退）税额＝应补（退）税额A＋应补（退）税额B

2. 非境内居住的个人

申报应纳税额＝所有境内来源所得×（各类所得的）扣缴率－已扣缴税额

（二）扣缴纳税

扣缴纳税人应纳税额＝每次取得之来源所得×（各类所得的）扣缴率（由扣缴义务人扣取缴纳）

三、综合所得税税额的扣抵或抵减规定

（一）营利事业所得税的扣抵

营利事业缴纳的属1998年或以后年度营利事业所得税，除税法另有规定外，可在盈余分配时，由其股东、社员、合伙人或资本主将获配股利总额或盈余总额所含的税额，自当年度综合所得税结算申报应纳税额中扣抵。

（二）自用住宅财产交易所得税的抵退

纳税人出售自用住宅的房屋所缴纳该财产交易所得部分的综合所得税额，自完成移转登记之日起2年内，如重购自用住宅的房屋的价额超过原出售价额的，可在重购自用住宅的房屋完成移转登记的年度，从其应纳综合所得税额中扣抵或退还。纳税人的自用住宅如果是先购屋再出售原有房屋，其在2年内也可以申请抵退综合所得税。按规定，原财产交易所得已依所得税法规定自财产交易损失中扣抵的部分，其税额不予扣抵或退还。

（三）大陆地区所得税额扣抵

（1）台湾地区的个人有大陆地区来源所得的，并同台湾地区来源所得

课征所得税。其在大陆地区已缴纳的税额，准予从应纳税额中扣抵，但扣抵的数额，不得超过因加计其大陆地区所得，而按其适用税率计算增加的应纳税额。

（2）因加计其大陆地区所得，按其适用税率计算增加的应纳税额，计算公式为：

综合所得额应纳税额 =［（台湾地区所得额 + 大陆地区所得额）－免税额 - 扣除额］×税率 - 累进税额

台湾地区综合所得额应纳税额 =（台湾地区所得额 - 免税额 - 扣除额）×税率 - 累进差额

因加计大陆地区所得而增加的应纳税额 = 综合所得额应纳税额 - 台湾地区综合所得额应纳税额

四、计算举例

［例］A 先生于 2006 年间，任职某公司获薪资所得 700 000 台币，其妻有薪资所得 400 000 台币及租赁所得 150 000 台币，他们有子女各一人，正在大学就读。A 先生综合所得税结算申报采用标准扣除额，请计算 A 先生 2006 年应纳综合所得税。

解：2006 年度免税额：A 先生与其妻及子女各 77 000 台币，共 308 000 台币。

标准扣除额：92 000 台币。

薪资特别扣除额：A 先生与其妻各 78 000 台币，共 156 000 台币。

教育学费特别扣除额：子女各 25 000 台币，共 50 000 台币。

综合所得总额：700 000 + 400 000 + 150 000 = 1 250 000（台币）

综合所得净额：1 250 000 - 308 000 - 92 000 - 156 000 - 25 000
= 669 000（台币）

应纳税额：669 000 × 13% - 25 900 = 61 070（台币）

第六节　综合所得税的征收管理

综合所得税的课税年度，于每年 1 月 1 日起至 12 月 31 日止。

一、综合所得税纳税的两种方法

（一）结算申报及自缴

纳税人应于每年2月20日起至3月底止，填具结算申报书，向户籍所在地主管稽征机关，申报其上一年度的构成综合所得总额的项目及数额，以及有关减免、扣除的事实，并应依其全年应纳税额减除尚未抵缴的扣缴税额及可扣抵税额，计算其应纳的结算税额，并自行缴纳。但短期票券利息所得的扣缴税款，不得减除。所谓可扣抵税额，是指股利凭单所载的可扣抵税额及独资资本主、合伙组织合伙人所经营事业缴纳的营利事业所得税额。

（二）扣缴

扣缴是指各类所得的应扣缴税款，由各所得的给付人（即扣缴义务人）在给付时，按规定的扣缴率进行扣缴，在每月10日前缴纳所扣税款，并在每年1月底之前申报其上年的扣缴资料。

按税法规定，下列范围免办扣缴：

（1）按所得税法应扣缴的各类所得规定免税者，免予扣缴。但超过定额免税金额部分，仍应扣缴。

（2）银行业贷款放款的利息所得，农地、房地产业务及已登记经营租赁业务的营利事业的租赁所，行纪业或兼营行纪业者收取的佣金及营利事业依法开立统一发票的权利金收入，免予扣缴。

（3）税法未规定的所得及扣缴率办法未规定的所得，免予扣缴。

（4）变动所得按1/2扣缴。

（5）给付人为执行业务者以外的个人的，其给付的所得免予扣缴。

（6）码头车站搬运工，营建业等按日计算并按日给付的临时工，其工资免予扣缴。

（7）非台湾境内居住的个人，有稿费、版税、乐谱、作曲、编剧、漫画、讲演的钟点费收入，每次给付金额不超过5 000台币的，免予扣缴。

（8）纳税人、配偶和其受扶养亲属的利息所得，领有储蓄免扣证，持交扣缴人在给付时登记，累计不超过27万台币部分，免予扣缴。

（9）政府举办的奖券中奖奖金，每联奖额不超过2 000台币的，免予扣缴。

（10）台湾境内居住的个人每月或每次应扣缴税额不超过2 000台币

的，免予扣缴，但短期票券的利息及政府举办的奖券中奖奖金，仍应扣缴。

二、主要罚则

（1）综合所得税的纳税人结算申报所列报的免税及扣除项目或金额，超过所得税法及附属法规的限制，以致短缴税款，经稽征机关核定补缴的，应自结算申报期限截止的次日起，依规定的存款利率，按日加计利息一并征收。

（2）纳税人已按规定办理结算申报，但对应申报的课税所得额有漏报或短报情况的，处以所漏税额 2 倍以下罚金。

（3）纳税人未依规定自行办理结算申报，稽征机关除依法核定其补征应纳税额外，应照补征税额，处 3 倍以下罚金。

（4）纳税人除以不正常方法逃漏税捐者以外，其他短漏报应课税所得额或应纳税额在一定金额标准以下者，免予移送裁罚。

（5）纳税人逾期缴纳税款的，每逾 2 日加征 1% 滞纳金，逾 30 日仍未缴纳者，另按日加计利息，并移送法院强制执行。

第三章　所得税法——营利事业所得税

(Business Income Tax)

台湾的营利事业所得税是对台湾境内营利事业的盈余征收的一种所得税，它的性质类似于其他国家实施的法人所得税或公司所得税。其主要不同之处在于台湾的营利事业所得税课征对象范围较广，除公司法人外，还包括独资、合伙企业及合作社。目前，台湾所得税实行两税合一制度，以消除重复课税的缺点。

通过本章读者可了解：两税合一制度的制定和目标、营利事业所得税的纳税人、课税对象与范围、减免优惠、税率及税额计算方法等。

第一节　两税合一制度的制定和目标

一、两税合一制度制定的理由和内容

台湾所得税制从1950年修订所得税法后，就采用营利事业所得税与综合所得税并行的独立课税制，对独资、合伙及公司等课征营利事业所得税后，再对独资资本主、合伙事业合伙人及公司股东的营利所得课征综合所得税，造成营利所得重复课税，不利于企业资金的筹措，也不符合台湾经济发展的需要。为建立低税负的良好的投资环境，把台湾发展成为亚太地区营造中心，提高竞争力，并建立合理、公平的税制，台湾在1996年10月9日决定采用两税合一制，用设算扣抵法消除重复课税的现象。此制度于1999年1月1日起开始实施。

在制度上，独立课税制被修正为两税合一制，修正后营利事业仍按现行规定计算所得，并适用现行税率征收营利事业所得税；保留盈余加征10%的营利事业所得税后，不再限制保留盈余的数额；营利事业分配股利或盈余时，将其所缴纳的营利事业所得税，按规定分配给独资资本主、合伙事业合伙人或公司股东，扣抵其应纳的综合所得税。

二、实行两税合一制度的目标

台湾实行两税合一制度所要达成的目标为：

（1）降低税制对企业财源筹措方式的影响。

（2）消除营利所得的重复课税，提高投资者的投资意愿。

（3）防止公司借保留盈余规避股东税负，促进资源合理分配。

第二节 最低税负制度的制定和内容

一、最低税负制度制定的理由

（1）由于长期以来，台湾为达成特定经济、社会目的，实行各项租税减免措施。结果减免范围逐渐扩增，而减免利益有集中于少数纳税义务人之情形，使租税的公平性受到置疑。因此，全面修正不合时宜的租税减免规定，是解决问题的根本之道，但因所得税减免规定分散于三十余种法律当中，欲在短期内全面修正，有其困难。参考国际经验，如美国、韩国、加拿大等国的做法，制定最低税负制度（Alternative Minimum Tax），使适用租税减免规定而缴纳较低所得税负甚至免税之法人或个人，至少负担一定比例之所得税，可兼顾既有产业或社会政策，又可适度减缓过度适用租税减免规定造成的不公平，弥补现制的不足。台湾特别制定《所得基本税额条例》，该条例在2005年12月28日完成立法，自2006年1月1日起施行。但同条例中，短报或漏报基本所得额之罚则，自2007年1月1日起施行；个人海外所得自2009年起始纳入最低税负制之税基。

（2）所得基本税额条例制度制定的目的在于使有能力纳税者对国家财政均有基本的贡献度，以维护租税公平，确保国家税收。

二、所得基本税额条例制度实施的课征范围

所得基本税额条例制度的实施对象包括营利事业及个人，主要是因为：

（1）依据现行法规规定，营利事业所享受的所得税减免仍过多，并有集中于少数企业之情形，对于该等企业课征最基本税负，可在兼顾产业发展情况下，适度达成租税公平，并符合社会期待。

（2）两税合一制度下，公司所缴纳之所得税于盈余分配予个人股东时，可由个人股东扣抵，因此最低税负制度若仅于公司阶段实施，无法完全彰显公平。另考虑高所得个人透过实物捐赠方式等规避个人综合所得税之情形甚为严重，透过个人阶段之最低税负制，可适度达到所得重分配效果。因此，台湾最低税负制之实施范围亦包括个人。

三、不适用所得基本税额条例制度的内容

（一）营利事业

营利事业若未享受租税减免，或虽享受租税减免，但所缴纳之一般所得税额已较基本税额为高者，可以不必申报缴纳最低税负；另外，为简化稽征及避免中小企业亦须申报缴纳基本税额，下列营利事业亦排除适用最低税负制：

（1）独资、合伙组织之营利事业。

（2）教育、文化、公益、慈善机构或团体。

（3）各级政府之公有事业。

（4）依法经营不对外营业之消费合作社。

（5）在台湾境内无固定营业场所及营业代理人之营利事业。

（6）办理清算申报或破产宣告之营利事业。

（7）课税所得口计免税所得后之所得额（称基本所得额）在200万台币以下之营利事业。

（二）个人

个人所得税申报未适用投资抵减奖励且无特定免税所得或扣除项目的个人，以及缴纳之一般所得税额已较基本税额为高者，可以不必申报缴纳最低税负。另外，为简化稽征，下列个人亦排除适用：

（1）非台湾境内居住之个人。

（2）综合所得净额加计特定免税所得及扣除额后之合计数（称基本所得额）在600万台币以下之个人。

四、所得基本税额条例制度之免税额及税率

营利事业及个人最低税负之适用门槛分别为200万台币和600万台币。

营利事业及个人最低税负的税率目前分别定为10%和20%。

五、所得基本税额条例制度基本额计算

（一）营利事业

（1）基本税额 =（基本所得额 - 扣除额）×税率

基本税额 = [课税所得 +促产、奖参、促参等免税所得 +证券、期货交易所得 +国际金融业务分行免税所得 -200 万]（台币）×10%

（2）一般所得税额高于或等于基本税额者，依一般所得税额缴纳所得税。一般所得税额低于基本税额者，另就差额缴纳所得税。

（二）个人

（1）基本税额 =（基本所得额 - 扣除额）×税率

基本税额 = [综合所得净额 + 特定保险给付 + 未上市（柜）股票等交易所得 + 非现金捐赠扣除额 + 员工分红配股时价超过面额部分 + 海外所得（自2009 年 1 月 1 日始纳入） -600 万] ×20%

（2）一般所得税额高于或等于基本税额者，依一般所得税额缴纳所得税。一般所得税额低于基本税额者，另就差额缴纳所得税。

注：一般所得税额是按所得税法规定计算的应纳所得税额。

六、所得基本税额条例制度之申报缴纳

（1）适用所得基本税额条例之营利事业或个人，应于所得税结算申报

时，并同办理基本税额之申报，基本税额之补报、调查核定程式，依照所得税法之规定办理。

（2）营利事业最低税负以企业为申报单位，而个人最低税负以家户为申报单位，纳税义务人与其依所得税法规定应合并申报所得税之配偶及受扶养亲属，有所得基本税额条例规定应计入基本所得额之所得专案或扣除项目时，应由纳税义务人合并计算基本所得额，并缴纳基本税额。

七、主要罚则

（1）营利事业或个人已按规定计算及申报基本税额，但有漏报或短报致短漏税之情事者，处以所漏税额 2 倍以下之罚金。

（2）营利事业或个人未依规定计算及申报基本税额，如经稽征机关调查，发现有应课税之金额者，除依规定补征外，还应按补征税额处 3 倍以下之罚金。

（3）由于最低税负制属新制之推，为给予纳税义务人适应之缓冲期，前述处罚规定将延缓至施行日期之次一年度所得税案件开始适用，以利实施初期加强辅导。

第三节　营利事业所得税的纳税人和征税对象

一、纳税人

《所得税法》规定：“凡在台湾境内经营的营利事业，应课征营利事业所得税。营利事业所得税的纳税人，为在台湾境内经营的营利事业。”

营利事业包括在台湾境内的公营、私营或公私合营，以营利为目的，具备营业牌号或场所的独资、合伙、公司和其他组织方式的工、商、农、林、渔、牧、矿、冶等营利事业。

二、征税对象

营利事业所得税以营利事业所得为征税对象。营利事业所得不限于“台湾来源”，具体如下：

（1）营利事业的总机构在台湾境内，其营利事业所得指其台湾境内外全部营利事业所得。

（2）营利事业的总机构在台湾境外，其营利事业所得指其台湾境内的营利事业所得。

（3）大陆地区来源所得，应并同台湾地区来源所得课税。但采用税额扣抵制度，避免重复课税。

第四节　营利事业所得税的税收优惠

一、免税所得的主要规定

《所得税法》规定，下列所得免纳营利事业所得税：

（1）依法经营不对外营业的消费合作社的盈余。

（2）依法规定具有强制性质储蓄存款的利息。

（3）伤害的损害赔偿金及依国家赔偿法规定取得的赔偿金。

（4）出售土地的所得。

（5）教育、文化、公益、慈善机构或团体，符合规定标准的，其本身的所得及其附属作业组织的所得。

（6）出售1973年12月21日前所持有股份有限公司股票或公司债，其交易所得额中，属于1973年12月21日发生的部分。

（7）各级政府机关的各种所得。

（8）各级政府公有事业的所得。

（9）因个人遗赠或个人赠与而取得的财产。

（10）国际运输事业在台湾境内的营利事业所得。但应以各该国对台湾的国际运输事业给予同样免税待遇为条件。

（11）经政府主管机关核定的重要生产事业，因建厂而支付外国事业的技术服务报酬。

（12）营利事业因引进生产技术或产品，或因改进产品品质，降低生产成本而使用外国营利事业所有的专利权、商标权及各种特许权利，经政府主管机关专案核准的，其所给付外国事业的权利金。

（13）外国金融机构在台湾境内的分支机构或其他台湾境内金融事业的融资，其所得的利息。

（14）外国政府或国际经济开发金融机构，对台湾地区“政府”或台湾境内的法人所提供的贷款所得的利息。

（15）外国金融机构对台湾境内的法人所提供用于重要经济建设计划的贷款，经核定所得的利息。

（16）以提供出口融资或保证为专业的外国政府机构及外国金融机构，对台湾境内的法人所提供或保证的优惠利率出口贷款，其所得的利息。

二、其他减免规定

（1）从1990年1月1日起，证券交易所得停止征收所得税，证券交易损失也不得从所得额中减除。

（2）依期货交易税条例，征收期货交易税的期货交易所得，暂停征收所得税；其交易损失，也不得从所得额中减除。

（3）公司组织的营利事业，因投资于台湾境内其他营利事业，所获配的股利净额或盈余净额，不计入所得额征税；其可扣抵税额，应按规定计入其股东可扣抵税额账户余额。

（4）教育、文化、公益、慈善机构或团体，有第（3）项规定的股利净额或盈余净额的，不计入所得额征税；其可扣抵税额，不得扣抵其应纳所得税额，并不得申请退还。

第五节　营利事业所得税的计税依据和所得额的确定

一、计税依据

营利事业所得税的计税依据为“营利事业所得额”，它是以当年度收入总额减除各项成本、费用、损失及税捐的纯益额为所得额，但短期票券利息所得，按规定扣缴税款后，不计入所得额。

二、收入总额

查核准则所列举的收入收益包括：

（1）营业收入。

（2）台湾境外营利事业因委托境内公司行号代办进货、销货或其他有关营利事项，所拨汇的费用，境内受委托行号就扣除代垫成本费用后的余额列为收益。

（3）销售副产品的收益。

（4）兑换盈益。

（5）投资收益。

（6）利息收入。

（7）出售资产收益。

（8）退税收入。

（9）已列为呆账损失后再收回的债权金额。

（10）权利金。

（11）销售下脚及废料的收入。

（12）流动负债到期而未清偿，或交易已完成应转为收益而未转入的，应转为收益。

（13）应付未付的费用或损失，逾 2 年而尚未给付的，应转为其他收入。

以上 13 项是查核准则明文规定的收入或收益。营利事业所得税结算申报书还列有租赁收入、佣金收入、商品盘盈以及其他收入。

三、扣除项目

（一）准予扣除的项目

计算营利事业所得额时准予从收入总额中扣除的项目，是指各项成本、费用、损失与税捐。

（1）成本，是指狭义范围的成本，即销售商品的成本或制造过程中所支付耗用的一切费用，包括直接原料、直接人工及制造费用。

（2）费用、损失，是指纳税人在生产经营过程中的各项费用和损失。所得税法列举了 11 项，包括：①职工薪资；②利息支出；③职工退休金费用；④灾害损失；⑤交际应酬费用；⑥捐赠；⑦呆账损失；⑧折旧；⑨出售或废弃资产损失；⑩递耗资产的耗竭；⑪无形资产的摊折。

（3）各项税捐，营利事业所得税除外。

（二）不准扣除的项目

（1）经营事业或附属业务以外的损失。

（2）家庭的费用。

（3）各税法规定的滞纳金、滞报金、怠报金及依各法规所处的罚金。

（4）法规未规定的未实现费用及损失。

（5）未取得原始凭证的费用及损失。

（6）资本支出。

（7）营利事业所得税。

（8）资本的利息。

（9）灾害受有保险赔偿部分。

（三）限定条件扣除的项目

1. 制造业耗用的原料

制造业耗用的原料，超过各该行业一般水准的，其超过部分，没有提出正当理由并经稽征机关查明属实的，不予减除。

2. 职工薪资

营利事业职工的薪资，符合下列规定的，可以列支为费用或损失：

（1）合伙及独资组织的职工薪资，执行业务的合伙人及资本主的薪资，不论营业盈亏都必须支付，而且不超过同业一般水准的。

（2）公司、合作社职工薪资，经预先决定或约定；执行业务的股东、董事、监察人的薪资，经组织章程规定或股东大会或社员大会预先议决，不论营业盈亏都必须支付的。

3. 利息支出

（1）资本的利息为盈余的分配，不得列为费用或损失。凡独资或合伙经营的营利事业，资本主或合伙人所借贷的款项均被视为资本往来，不得列支利息。

（2）借贷款项的利息，其在本营业年度内负担的，准予减除。

（3）借贷款项约定利率，超过法定利率时，应按当地商业银行最高利率核计。但非银行贷款原经稽征机关参照市场利率，核定最高标准的，可从其核定。

4. 职工退休金费用

（1）营利事业规定有职工退休办法的，其数额不超过当年度已付薪资总额的4%。但营利事业设置职工退休基金，每年度在不超过当年度已付薪资总额的8%限额内，提拨职工退休金，并以费用列支。

（2）适用劳动基准法的营利事业，经该管稽征机关核准，每年度在不超过当年度已付薪资总额15%限额内，提拨劳工退休准备金，并以费用列支。

5. 灾害损失

凡遭受不可抗力的灾害损失，受有保险赔偿部分，不得列为费用或损失。

6. 交际应酬费用

业务上直接支付的交际应酬费用，其经取得确实单据者，分别按表的限额列支。见表3-7。

表3-7 交际应酬费用 单位：千万台币

项目	计算基础	级距	普通申报	蓝色申报查核签证申报
销货	销货货价	3以下 3~15 15~60 60以上	4.5 3 2 1	6 4 3 1.5
进货	进货货价	3以下 3~15 15~60 60以上	1.5 1 0.5 0.25	2 1.5 1 0.5
供给劳务或信用	营业收益额	0.9以下 0.9~4.5 4.5以上	10 6 4	12 8 6
运输货物	货运运价	3以下 3~15 15以上	6 5 4	7 6 5
外销业务	外销收入	——	20	20
公营事业：由主管机关分别核定，列入预算				

7. 捐赠

营利事业的捐赠，按下列规定，列为当年度费用或损失：

(1) 对各级政府的捐赠，对中小企业发展基金的捐赠和经专案核准的捐赠，不受金额限制。

(2) 对符合所得税法规定的机关或团体的捐赠，不得超过所得额的10%。

(3) 对所有公职人员候选人竞选经费的捐赠总额不得超过30万台币；对依法设立政党的捐赠，不超过所得额10%，其总额并不得超过300万台币。

(4) 所谓所得额，是指经该管稽征机关核定的所得额，其应列作费用或损失的捐赠数额，应按核定所得额按法定限度调整。其核计认定公式如下：

$$\frac{\text{各项损失费用总额（包括各种可列报的捐赠、经认定的收益，但不包括对政党依法得列报的捐赠及其他捐赠）}}{1+10\%}\times 10\%$$

8. 其他项目

其他项目中有呆账损失、折旧、出售或废弃资产损失、耗竭、摊折等。

四、资产的税务处理（略）

第六节 营利事业所得税的税率和税额计算

一、税率

（一）申报纳税的纳税人适用超额累进税率

(1) 营利事业全年课税所得额在5万台币以下的，免征营利事业所得税。

(2) 营利事业全年课税所得额在10万台币以下的，就其全部课税所得额课征15%。但其应纳税额不得超过营利事业课税所得额超过5万台币以上部分的1/2。

(3) 超过10万台币的，就其超过部分课征25%，累进差额为1万台币。

(4) 未分配盈余加征的税率为10%。

（二）依法应申报而按扣缴率纳税者及扣缴纳税者的适用税率

(1) 外国国际运输事业、承包营建工程、提供技术服务及出租机器设备，税率为25%。

（2）国际金融业务分行为15%。

（3）国外影片事业为20%。

（4）其他在台湾境内无固定营业场所亦无营业代理人的营利事业，按其取得的所得类别适用20%或25%的扣缴率。

二、计算

（一）申报纳税的一般营利事业税额的计算

（1）基本公式：

申报应补（退）税额＝营利事业所得额×级距税率－累进差额－抵减额－扣缴税额－暂缴税额

（2）全年营利事业所得额在71 428.56台币以下的，其税额计算公式如下：

申报应补（退）税额＝（营利事业所得额－50 000台币）×1/2－抵减额－扣缴税额－暂缴税额

（3）营业未满1年的，其税额计算公式如下：

申报应补（退）税额＝（全年所得额×级距税率－累进差额）－抵减额－扣缴税额－暂缴税额

［例1］某营利事业2005年所得额为70 000台币，2006年7月1日按2005年的1/2暂缴营利事业所得税。2006年度实现利润调整后所得额为80 000台币。请计算该营利事业结算申报应补（退）税额。

解：2006年7月1日暂缴税额为：

暂缴税额＝（70 000－50 000）×1/2×1/2＝5 000（台币）

2006年度实际应纳所得税额为：

应纳税额＝80 000×15%＝12 000（台币）

结算申报时应补税额为：

应补税额＝12 000－5 000＝7 000（台币）

［例2］A公司2006年经营商品买卖业务，某年度销货净额为2 500 000台币，销货成本1 900 000台币，各项营业费用410 000台币，无其他收入或损失，请计算A公司应纳营利事业所得税。

解：所得额：2 500 000－1 900 000－410 000＝190 000（台币）

应纳税额：190 000×25%－10 000＝47 500（台币）

（二）申报而按扣缴率纳税者税额的计算

（1）在台湾境内无固定营业场所或代理人的营利事业，有不属于所得税法规定扣缴范围等的所得，仍应办理结算申报，其税额的计算如下：

①非机关、团体、事业、执行业务者给付的所得部分：

税额＝所得额×扣缴率

②财产交易所得部分：

税额＝财产交易所得×25%

（2）国际金融业务分行对台湾境内的个人、法人、政府机关或金融机构的非免税授信收入，仍应办理申报，其税额的计算为：

税额＝授信收入总额×15%

（三）扣缴纳税者

（1）国外影片事业，税率为20%。

（2）总机构在台湾境外，而在台湾境内经营国际运输业务、承包营建工程、提供技术服务或出租机器设备业务的事业，税率为25%。

（3）其他在台湾境内无固定营业场所也无营业代理人的营利事业，有所得税法规定扣缴范围的所得的，分别按各种所得的扣缴率计算税额。

（四）1997年（含）以前超过保留盈余限额加征10%税额

超过保留限额部分的盈余＝核定累积未分配盈余－实收资本额×保留限额倍数

再保留的盈余＝超过保留限额部分的盈余－以往年度已加征10%税额尚未分配的盈余

加征税额＝再保留的盈余×10%

（五）1998年度起未分配盈余加征10%税额

应加征税额＝未分配盈余×10%

三、台湾境外所得税额的扣抵

（一）大陆、香港或澳门地区所得税额扣抵的计算

（1）台湾地区的法人、团体或其他机构有大陆、香港或澳门地区来源所得的，并同台湾地区来源税征收所得税。但其在大陆、香港或澳门地区已缴纳的税额，可从应纳税额中扣抵。但扣抵的数额，不得超过因加计大陆、香港或澳门地区所得，而依其适用税率计算增加的应纳税额。

（2）所谓因加计其大陆地区所得，而依其适用税率计算增加的应纳税额，其计算公式如下：

营利事业境内所得额应纳税额＝（台湾地区所得额＋大陆等地区所得额）×税率－累进差额

营利事业台湾地区所得额应纳税额＝（台湾地区所得额×税率）－累进差额

因加计大陆地区所得而增加的结算应纳税额＝营利事业境内所得额应纳税额－营利事业台湾地区所得额应纳税额

（二）以上三地以外的其他台湾境外的国家或地区所得税额扣抵的计算

（1）营利事业的总机构在台湾境内的，应就其台湾境内外全部营利事业所得，合并征收营利事业所得税。但其来自台湾外的所得，已依所得来源国税法规定缴纳的所得税，可从其全部营利事业所得结算的应纳税额中扣抵。但扣抵的数额不得超过因加计境外所得，而依境内适用税率计算增加的结算应纳税额。

（2）所谓因加计其境外所得而依境内适用税率计算增加的结算应纳税额，其计算公式如下：

营利事业全部所得额应纳税额＝（境内所得额＋境外所得额）×税率－累进差额

营利事业境内所得额应纳税额＝（境内所得额×税率）－累进差额

因加计境外所得而增加的结算应纳税额＝营利事业全部所得额应纳税额－营利事业境内所得额应纳税额

四、股东可扣抵税额

（1）凡依所得税规定征收营利事业所得税的营利事业，从 1998 年起，在其会计账簿外，设置股东可扣抵税额账户，用以记录可分配予股东或社员的所得税额。

（2）下列营利事业或机关、团体，免予设置股东可扣抵税额账户：

①独资、合伙组织；

②符合规定的教育、文化、公益、慈善机构或团体；

③总机构在台湾境外的；

④按其他法令或组织章程规定，不得分配盈余的团体或组织。

（3）营利事业记载股东可扣抵税额账户的起记期间，一般为每年 1 月 1 日起至 12 月 31 日。营利事业自 1998 年度起设置的当年股东可扣抵税额账户的期初余额为0；新设立营利事业在设立时，与上规定同。其以后年度股东可扣抵税额账户期初余额，应等于其上年度期末余额。

（4）营利事业应计入当年度股东可扣抵税额账户余额的金额，有下列各项：

①缴纳属1998年或以后年度台湾营利事业所得税结算申报应纳税额、经稽征机关调查核定增加的税额及未分配盈余加征的税额。现金缴纳者以缴纳税款为计入日；暂缴税款及扣缴税款抵缴结算申报应纳税额者以年度决算日为计入日；

②投资于台湾境内其他营利事业，获配属于1998年或以后年度股利总额或盈余总额所含的可扣抵税额。计入日为获配股利或盈余日；

③以法定盈余公积或特别盈余公积拨充资本的，其已依规定减除的可扣抵税额。计入日为拨充资本日；

④1998年或以后年度短期票券利息所得的扣缴税款按持有期间计算的税额。计入日为利息兑领日或转让日；

上述的可扣抵税额，其计算公式如下：

$$\text{应计入的可扣抵税额}=\text{拨充资本的法定盈余公积或特别盈余公积}\times\frac{\text{拨充资本日该营利事业历次提列法定盈余公积或特别盈余公积依法规定减除的可扣抵税额余额}}{\text{拨充资本日该营利事业历次提列的法定盈余公积或特别盈余公积余额}}$$

上式中拨充资本的法定盈余公积或特别盈余公积和历次提列的法定盈余公积或特别盈余公积，必须从1998年或以后年度盈余提列。

⑤因合并而承受消灭公司的股东可扣抵税额账户余额，但不得超过消灭公司账载累积未分配盈余，按税额扣抵比率上限计算的税额。计入日为合并生效日；

⑥其他经核定的项目及金额。计入日由有关部门规定。

（5）营利事业的下列各款金额，不得计入当年度股东可扣抵税额账户余额：

①依规定扣缴的营利事业所得税；

②改变为设股东可扣抵税额账户前所缴纳的营利事业所得税；

③缴纳属于1997年或以前年度的营利事业所得税；

④以受托人身份经营信托业务所缴纳的营利事业所得税和获配股利或盈余的可扣抵税额；

⑤各种滞报金、怠报金、滞纳金、罚金及加计的利息。

（6）营利事业下列各款金额，应从当年度股东可扣抵税额账户额中减除：

①分配属1998年或以后年度股利总额或盈余总额所含的可扣抵税额。其减除日为分配日；

②1998年或以后年度结算申报应纳台湾营利事业所得税，经稽征机关调查核定减少的税额。其减除日为核定退税通知书送达日；

③依公司法或其他法令规定提列的法定盈余公积、公积金、公益金或特别盈余公积所含的当年已纳营利事业所得税额。其减除日为提列日；

④依公司章程规定，分派董事、监事、职工的红利所含的当年已纳营利事业所得税额。其减除日为分派日；

⑤其他经核定的项目及金额。其减除日由有关部门规定。

（7）营利事业依规定，可以分配给股东或社员的可扣抵税额，以股利盈余的分配日股东可扣抵税额账户的余额为限额。

营利事业合并时，因合并而消灭的公司，于合并生效日注销股东可扣抵税额账户余额。

营利事业解散时，在清算完结分派剩余财产后，注销股东可扣抵税额账户余额。

（8）营利事业分配属于1998年或以后年度的盈余时，按下列公式计算可扣抵的税额：

税额扣抵比率 = 股东可扣抵税额账户余额 / 累积未分配盈余账户余额

股东（或社员）可扣抵税额 = 股利（或盈余）净额 × 税额扣抵比率

营利事业依前项规定计算的税额扣抵比率，超过税额扣抵比率上限的，以税额扣抵比率上限为准，计算股东或社员可扣抵的税额。税额扣抵比率上限如下：

①累积未分配盈余已加征10%营利事业所得税的，为48.15%；

②累积未分配盈余未加征10%营利事业所得税的，为33.33%；

③累积未分配盈余部分加征、部分未加征10%营利事业所得税的，为各依其占累积未分配盈余的比率，按前两项规定上限计算的合计数。其计

算公式如下：

税额扣抵比率上限 =

$$\frac{\text{股利或盈余分配日未加征 10\% 营利事业所得税的累积未分配盈余}}{\text{股利或盈余分配日累积未分配盈余账户余额}} \times 33.33\% + \left(1 - \frac{\text{股利或盈余分配日未加征 10\% 营利事业所得税的累积未分配盈余}}{\text{股利或盈余分配日累积未分配盈余账户余额}}\right) \times 48.15\%$$

营利事业分配股利或盈余日，其未加征10%营利事业所得税的累积未分配盈余账户余额的比率超过1的，以1计算税额扣抵比率上限。

上述的税额扣抵比率，以四舍五入计算至小数点以下第四位为止；股东或社员可扣抵税额不满1元者，按四舍五入计算。

(9) 依规定，免予设置股东可扣抵税额账户的，不可分配可扣抵税额予其股东或社员扣抵其应纳所得税额。但独资、合伙组织的营利事业，另依所得税法有关规定办理。

(10) 个人或营利事业与境内外其他个人或营利事业、教育、文化、公益、慈善机构或团体相互间，如有借股权的移转或其他不当安排为他人或自己规避或减少纳税义务的，稽征机关正确计算相关纳税人的应纳税额后，按实际应分配或应获配的股利、盈余或可扣抵税额予以调整。

第七节　营利事业所得税的征收管理

一、暂缴申报

凡应纳营利事业所得税的营利事业，除经核定的小规模营利事业或依法规定免征营利事业所得税者，均应依法办理暂缴申报。但如果在台湾境内无固定营业场所而有营业代理人的营利事业，其营利事业所得税由营业代理人或给付人按次扣缴。

暂缴申报应于每年7月1日起1个月内，按其上年度结算申报营利事业所得税应纳税额的1/2为暂缴税额，自行向公库缴纳，并依规定格式，填具暂缴税款申报书，检附暂缴税款收据，一并申报主管稽征机关。

二、结算申报

纳税人应于每年2月20日起至3月底止，填具结算申报书，向主管稽征机关申报其上1年度内构成营利事业收入总额的项目及数额，以及有关减免、扣除的事实，并应依其全年应纳税额减除暂缴税额、尚未抵缴的扣缴税额及可扣抵税额，计算其应纳的结算税额，于申报前自行缴纳。但短期票券利息所得的扣缴税款及营利事业获配股利总额或盈余总额所含的可扣抵税额，不得减除。

营利事业所得税结算申报书分为普通申报书、蓝色申报书、简易申报书。

其中蓝色申报书使用蓝色纸张，依规定格式印制，专为奖励诚实申报的营利事业而设置。使用蓝色申报书的营利事业可享受奖励，包括：

（1）可以列支较高交际费。

（2）公司组织营利事业者，其前5年亏损，可在本年所得中扣除。

（3）计算个人综合所得净额时，如纳税义务人及其配偶经营两个以上独资或合伙事业，若均使用蓝色申报书，其中有亏损的，可以将核定的亏损从核定的营利所得中减除，以其余额为营利所得。

三、盈余及股东可扣抵税额资料申报

依规定，应设置股东可扣抵税额账户的营利事业，应于每年1月底前，将上一年内分配予股东的股利或社员的盈余，填具股利凭单、全年股利分配汇总资料，一并汇报主管稽征机关查核；并应于2月10日前将股利凭单填发纳税人。但营利事业有解散或合并时，应随时就已分配的股利或盈余填具股利凭单，并于10日内向主管稽征机关办理申报。

对于未分配盈余，营利事业应于其该所得年度办理结算申报的次年2月20日至3月底止，向主管稽征机关申报，并计算应加征的税额，于申报前自行缴纳。其经计算的未分配盈余为零或负数的，仍应办理申报。

四、税款的缴纳与主要罚则

依所得税法规定，由纳税人自行缴纳的税款及扣缴义务人扣缴的税款，由缴款人填具缴款书缴纳。

纳税人结算申报，经核定有溢缴税款的，稽征机关应在核定后 10 日内填发收入退还书，退还溢缴税款。以送达之日起 3 个月内为有效期，逾期不退，但 100 台币以下免退。

纳税人逾期缴纳税、滞报金和怠报金的，每逾 2 日按滞纳金额加征 1% 滞纳金。逾期 30 日仍未缴纳者，由稽征机关移送法院强制执行，并停止其营业，至缴纳日为止。

第四章　营业税 (Value Added Tax)

台湾加值型营业税于1986年4月1日实施。在此之前，台湾的营业税是对营业行为按各交易阶段的营业总额课征，造成重复课税和税上加税的现象。为改进营业税，配合经济发展的需要，台湾采用目前多数国家实施的“加值型营业税”，一般只对每一交易阶段的加值额课征，但于1999年7月1日将金融业排除于加值型营业税体条，改按销售总额课缴毛额型营业税，并于2002年1月1日正式修正名称为“加值型及非加值型营业税”，且多次修正部分条文，使稽征程式简化，税负更公平合理。

通过本章读者可以了解：营业税的概念、产生与发展，课税范围、纳税人、税率及计算方法、征收管理等。

第一节　营业税概述

一、营业税概念

台湾的营业税是对在台湾地区公营、私营或公私合营的事业，以及机关团体或其作业组织有对外营业行为者，在台湾境内销售货物或劳务和进口货物时，按每一交易阶段的加值额征收的一种税。

台湾的营业税是“消费形态的加值税（Consumption Type of Value Added Tax)”，这种类型的加值税，允许企业将新购入的资本设备，立即从税基中全部扣除，资本设备可全部免征加值税，有利于奖励投资。

二、台湾加值型营业税的产生和发展

在1986年4月1日以前，营业税是对在台湾境内的上述营业者从制造、批发以至零售各阶段发生的营业行为所征收的多阶段销售税。由于是按各交易阶段的营业总额征收，因而有重复征收和税上加税的现象，同时因为货品转手次数愈多，滚积的税负愈重，所以对采取分工专业方式经营

者不利，而对采取一贯作业的经营者有利，扭曲了产业经营的方式，违反了租税中性原则。此外，由于加工层次较多的货品，其成本所含的营业税很难计算，以致外销只限于直接外销和第一间接外销两个阶段可以免税，外销货物的营业税无法退清，提高了营业者的成本，影响了台湾产品的对外竞争能力，妨碍了经济的发展。为了改正这种销售税的缺点，配合经济发展的需要，台湾决定采用“加值型营业税”，并将部分的货物税以及统一发票总缴的印花税并入，将过去按每一交易阶段的营业总额课税，改为按每一阶段的加值额征收营业税。新营业税法于1986年4月1日起实行，并经多次修正部分条文，使稽征程序更简化，税负更臻于公平合理。

第二节　营业税的纳税人和征税范围

一、纳税人

营业税的纳税人有三类：

(一) 销售货物或劳务的营业人

1. 有下列情形之一者为营业人

(1) 以营利为目的的公营、私营或公私合营的事业。

(2) 不是以营利为目的的事业、机关、团体、组织，有销售货物或劳务者。

(3) 外国的事业、机关、团体、组织，在台湾境内有固定营业场所者。

2. 营业人的类型

营业人分为加值型营业人、总额型营业人、兼营营业人和免税营业人。

(1) 加值型营业人。

这种类型的营业人的税额是按加值部分计算的，为加值型营业税，故称之为加值型营业人。

(2) 总额型营业人。

这种类型的营业人因其计算的税额是以销售总额乘以税率而得，为总额型营业税，故称之为总额型营业人。其范围包括银行业、保险业、信托业、信托投资业、证券业、短期票券业、典当业、特种饮食业、小规模营业人、农产品批发市场的承销人、销售农产品的小规模营业人及其他经规定免予申报销售的营业人。

所谓小规模营业人，指银行业、保险业、信托业、信托投资业、证券业、短期票券业、典当业及特种饮食业以外的规模狭小、平均每月销售额未达使用统一发票标准（20 万台币）而按查定征收营业税的营业人。

所谓其他经规定免予申报销售额的营业人，指下列营业性质特殊的营业人：①计程车业；②理发业；③沐浴业；④其他经有关部门核定的营业人。

（3）兼营营业人。

兼营营业人指依营业税法规定，兼营应税及免税货物或劳务的销售者。

（4）免税营业人。

免税营业人指专营营业税法规定的免税货物或劳务的销售者。

（二）收货人或持有人

进口货物的收货人指提货单或进口舱单记载的收货人，进口货物的持有人指持有进口应税货物的人。

（三）买受人或代理人

外国的事业、机关、团体、组织，在台湾境内无固定营业场所的，纳税人为其所销售劳务的买受人。但外国国际运输事业，在台湾境内无固定营业场所而有代理人的为代理人。

二、征税范围

营业税法规定，在台湾境内销售货物或劳务及进口货物，均应征收营业税。

（1）销售货物指将货物的所有权移转他人，以取得代价。代价包括收取价金、取得货物或劳务在内。在台湾境内销售货物，指销售货物的交付须移运的，其起运地在台湾境内；交付无须移运的，其所在地在台湾境内。有下列情形之一的，视为销售货物。如果视为销售的标的是劳务，则视为销售劳务：

① 营业人以其产制、进口、购买供应销售的货物，转供营业人自用；或以其产制、进口、购买的货物，无偿移转他人所有。

②营业人解散或废止营业时所余存的货物，或将货物抵偿债务、分配与股东或出资人。

③营业人以自己名义代为购买货物交付与委托人。

④营业人委托他人代销货物。

⑤营业人销售代销货物。包括海关拍卖或变卖抵押物、担保品，逾期不报关、不缴纳关税或不退运货物在内。

（2）销售劳务是指提供劳务给他人，或提供货物给他人使用、收益，以取得代价。但执行业务者提供其专业性劳务及受雇提供劳务不包括在内。符合下列情形之一的为在台湾销售劳务：

①销售的劳务是在台湾境内提供或使用；

②国际运输事业从台湾境内载运客、货出境；

③外国保险从台湾境内保险承保再保险。

（3）进口货物。

进口货物指下列情形之一：

①货物从台湾境外进入境内，但进入经核定的免税出口区的外销事业、科学工业园区之园区事业及海关管理之保税工厂或保税仓库视为尚未进口，不包括在内；

②货物从上述事业、工厂或仓库进入台湾境内。

第三节　营业税的税收优惠

营业税的税收优惠，包括零税率、免税、进口免税与查定税额扣减4种。

一、适用零税率的货物或劳务

按营业税法规定，下列货物或劳务的营业税税率为零：

（1）外销货物。

（2）与外销有关的劳务，或在台湾境内提供而在境外使用的劳务。

（3）依法设立的免税商店销售与过境或出境旅客的货物。

（4）销售与免税出口区内的外销事业、科学工业园区的园区事业、海关管理保税工厂或保税仓库的机器设备、原料、物料、燃料、半成品。

（5）国际的运输。但外国运输事业在台湾省境内经营国际运输业务者，应以该国对台湾国际运输事业予以相等待遇或免征类似的税捐为条件。

（6）销售国际运输用的船舶、航空器及远洋渔船。

（7）销售国际运输用的船舶、航空器及远洋渔船所使用的货物或修缮劳务。

二、免税的销售货物或劳务

按营业税法规定，下列货物或劳务免税：

（1）出售的土地。

（2）供应的农田灌溉用水。

（3）医院、诊所、疗养院提供的医疗劳务、药品、病房的住宿及膳食。

（4）托儿所、养老院、残障福利机构提供的育、养劳务。

（5）学校、幼稚园与其他教育文化机构提供的教育劳务及政府委托代办的文化劳务。

（6）出版业发行经主管教育行政机关审定的各级学校所用教科书及依法奖励的重要学术专门著作。

（7）职业学校不对外营业的实习商店销售的货物或劳务。

（8）依法登记的报社、杂志社、通讯社、电视台与广播电台销售其本事业的报纸、出版品、通讯稿、广告、节目播映及节目播出。

（9）合作社依法经营销售与社员的货物或劳务及政府委托其代办的业务。

（10）农会、渔会、工会、商业会依法经营销售与会员的货物或劳务及政府委托其代办的业务。

（11）依法组织的慈善救济事业标售或义卖的货物与举办的义演，其收入除支付标售、义卖及义演的必要费用外，全部供作该事业本身的使用者。

（12）政府机关、公营事业及社会团体依有关法令组设经营不对外营业的员工福利机构销售的货物或劳务。

（13）监狱工厂及其作业成品售卖所销售的货物或劳务。

（14）邮政、电信机关依法经营的业务及政府核定的代办业务。

（15）政府专卖事业销售的专卖品及经许可销售专卖品的营业人，依照规定价格销售的专卖品。

（16）代销印花税票或邮票的劳务。

（17）肩挑负贩沿街叫卖者销售的货物或劳务。

（18）饲料及未经加工的生鲜、农、林、渔、牧产物、副产物等。

（19）渔民销售其捕获的鱼价。

（20）稻米、面粉的销售及碾米加工。

（21）依规定的营业人，销售非经常买进、卖出持有的固定资产。

（22）保险业承办政府推行的军、公、教人员与其眷属保险、劳工保险、学生保险，农、渔民保险、输出保险及强制汽车第三人责任保险，以及其自保费收入中扣除的再保分出保费及人寿保险提存的责任准备金。但人寿保险退保收益及退保收回的责任准备金，不包括在内。

（23）各级政府发行的债券及依法应征收证券交易税的证券。

（24）各级政府机关标售誊余或废弃的物资。

（25）肥料、农药、畜牧用药、农耕用的机器设备及农地搬运车及其用油用电。

（26）供沿岸、近海渔业使用的渔船，供渔船使用的机器设备、渔网及其用油。

（27）银行业总、分行往来的利息，信托投资业运用委托人指定用途而盈亏归委托人负担的信托资金收入，以及典当业销售不超过应收本息的流当品。

（28）金条、金块、金片、金锭及纯金的金饰或饰金。但加工费不在此范围内。

（29）经主管机关核准设立的学术、科技研究机构提供的研究劳务。

（30）经营衍生性金融商品、公司债、金融债券、新台币拆款及外币拆款的销售额。但佣金及手续费不包括在内。

三、进口免税

营业税法规定，下列货物进口免税：

（1）国际运输用的船舶、航空器、远洋渔船及金条、金块、金片、金锭及金币。

（2）关税法规定的货物。

（3）营业人进口供营业用的货物，除乘人小汽车外，在进口时免征营业税。

（4）本台湾的古物。

第四节 营业税的税率和起征点

一、税率

营业税税率分为加值型税率和总额型税率，总额型税率又因行业不同而有区别，但其税率均采用比例税率。

（一）加值型营业税的税率

（1）外销营业：0%。

（2）一般营业：最高税率10%，最低税率5%。现行税率为5%。

（二）总额型营业税的税率

（1）金融及保险业：2%，但保险业的再保费收入为1%。

（2）特种饮食业：夜总会及有娱乐节目的餐饮店为15%；酒家及有女性陪侍的茶室、咖啡厅、酒吧等为25%。

（3）农产品批发市场的承销人及销售农产品的小规模营业人：0.1%。

（4）小规模营业人及其他经规定免予申报销售额的营业人：1%。

（三）进口货物的税率

进口货物的税率适用5%～10%，现行税率为5%。

（四）购买国外劳务的税率

购买国外劳务的税率适用5%～10%，现行税率一般劳务为5%，再保险为1%。

（五）海关、法院及其他机关拍卖货物的税率

海关、法院及其他机关拍卖货物的税率适用5%～10%，现行税率为5%。

二、起征点

营业税法对规模狭小，交易零星的小规模营业人规定了营业税起征点。其中买卖业、制造业、新闻业、农业等的起征点为6万台币；装潢业、广告业、加工业、公证业等的起征点为3万台币。

小规模营业人每月实际销售额达20万台币以上的，则不属于小规模营业人，而应领用统一发票，并适用一般税率。

第五节 营业税的计算

营业税的税额计算分为加值型营业人税额计算、总额型营业人税额计算、兼营营业人税额计算和购买课税的税额计算。

一、加值型营业人的税额计算

按加值额课税的营业人每月的应纳税额为销项税额减进项税额的余额，当余额为负数时为溢付税额。公式如下：

应纳税额（溢付税额）＝销项税额－进项税额

（一）销项税额

销项税额是指营业人在销售货物或劳务时，按销售额根据规定的税率，向购买者收取的营业税额。但营业人因销货退回或折让而退还买受人的营业税额，应在发生销货退回或折让的当期销项税额中扣减。销项税额的计算公式为：

销项税额＝销售额×税率

1. 销售额的一般确定

《营业税法》规定：销售额为营业人销售货物或劳务所收取的全部代价，包括营业人在货物或劳务的价额收取的一切费用。但本次销售的营业税额不在其内。前项货物如为应征货物税或烟酒税的货物，其销售额应加计货物税额或烟酒税额在内。销售额原则上包括下列 3 项：①销售货物或劳务所收取的全部代价；②货物或劳务的价额外收取的一切费用；③货物税税额或烟酒税额。

2. 销售额的特殊确定

（1）当营业人销售货物或劳务给非营业人时，其销售额与销项税额合计开立统一发票，报缴时销售额按下式还原：

销售额＝当期开立统一发票总额／（1＋税率）

（2）如果营业人以明显比时价偏低的价格，销售货物或劳务而无正当理由的，主管稽征机关得依时价认定其销售额。

（3）视为销售货物。

①营业人以其产制、进口、购买供销售的货物转供营业人自用，或以产制、进口、购买的货物，无偿移转他人所有者，以时价为准；

②营业人解散或废止营业时所余存的货物，或将货物抵偿债务、将货物分配与股东或出资人，以时价认定为销售额；

③营业人以自己名义代为购买货物交付与委托人，以代购的实际价格为准；

④营业人委托他人代销货物，以约定代销的价格为准；

⑤营业人销售代销货物，以约定代销的价格为准。

（4）视为销售劳务与视为销售货物的规定相同。

（5）营业人以货物或劳务与他人交换货物或劳务，其销售额以换出或换入货物的时价，从高认定。

（6）营业人以分期付款方式销售货物，以各期收取的价款为销售额。融资租赁的租金收入，与前规定同。

（7）营业人销售货物或劳务，在货物交付前或劳务提供前开立统一发票的，以开立统一发票的金额为销售额。

（8）营业人以土地和其定着物合并销售时，除销售价格中土地与定着物分别载明外，依房屋评定标准价格占土地公告现值及房屋评定标准价格总额的比例，计算定着物部分的销售额。

（9）营业人出租财产所收取的押金，应按月计算销售额。

（10）国际运输的销售额。

①海运事业，指从台湾境内承载旅客出境或承运货物出口的全部票价或运费；

②空运事业，航空客运指从台湾境内承载旅客至台湾境外第一站间的票价；航空货运指从台湾境内承运货物出口的全程运费，但如因航线限制等原因，在航行途中改由其他国际空运事业的航空器转载的，按实际承运的航程运费计算。

（11）法院或其他机关拍卖货物以拍定价格为准。

（二）进项税额

进项税额是指营业人购买货物或劳务时，依规定支付的营业税。但营业人因进货退出或折让而收回的营业税额，应在发生进货退出或折让的当期进项税额中减除。

1. 允许扣抵的进项税额

（1）营业人在购买货物或劳务时，所取得的统一发票上注明的营业税额，此类进项税额原则上可以扣抵销项税额。

（2）营业人以载有统一编号的二联式收银机统一发票作为退抵税款证明文件的，应按期汇总计算进项税额，计算公式为：

进项税额＝收银机统一发票总额×（税率/1＋税率）

2. 不得扣抵的进项税额

（1）购进的货物或劳务未按规定取得并保存凭证的。

（2）进项凭证未载明名称、地址及统一编号的，进项税额不准扣抵。

（3）非供本业及附属业务使用的货物或劳务。

（4）酬劳员工个人的货物或劳务。

（4）交际应酬用的货物或劳务。

（5）自用乘人小汽车 。

（6）兼营营业人的免税销售的货物或劳务的进项税额，以及总额型营业税销售的货物或劳务的部分进项税额（按不可扣抵比例计算或直接计算）。

（7）免税营业人的进项税额，不得退还 ，也不可扣抵。

（三）计算公式

应纳（留抵）税额＝净销项税额－（净进项税额－不得扣抵的进项税额）－上期累积留抵税额

其中：

净销项税额＝销售额×税率－销货退回及折让×税率

净进项税额＝进项金额×税率－进项退回及折让×税率

上期累积留抵税额指上期溢付税额而依规定必须留抵的数。

营业人的溢付税额，除应由主管稽征机关查明后退还外，其余累积留待下期扣抵，应退还的情况包括：

（1）因销售规定适用零税率货物或劳务而溢付的营业税。

（2）因取得固定资产而溢付的营业税。

（3）因合并、转让、解散或废止申请注销登记而溢付的营业税。

［例］A公司某月销售给营业人一批商品，销售额1 000 000台币，购买原材料600 000台币，其中有100 000台币的原材料用于生产酬劳员工个人的物品。请计算A公司当期应纳营业税额。

解：销项税额＝1 000 000×5%＝50 000（台币）

进项税额＝600 000×5%＝300 000（台币）

不得抵扣的进项税额＝100 000×5%＝5 000（台币）

应纳税额 = 销项税额 -（进项税额 - 不得抵扣的进项税额）

= 50 000 -（30 000 - 5 000）

= 25 000（台币）

二、总额型营业人税额计算

按营业总额征收营业税的营业人，以其每月实际或查定的销售额乘以规定的税率，为应纳的营业税额，除特别规定外，进项税额不得扣抵。计算公式如下：

应纳税额 =（实际或查定的）销售额 × 税率

其中，查定销售额征收的营业人包括：

（1）典当业与特种饮食业。

（2）小规模营业人、农产品批发市场的承销人、销售农产品的小规模营业人及其他经规定免予申报销售额的营业人。

（一）销售额

（1）使用统一发票及未使用发票亦应申报销售额的营业人，其销售额计算，与加值型营业人的销售计算相同。但金融业、特种饮食业有两点例外：

①计算销售额时，本次销售的营业税应包括在内。

②计算押金的销售额的公式为：

销售额 = 押金 × 该年 1 月 1 日邮政储金汇业局的一年期定期存款利率 / 12

（2）查定课税的营业人，其销售额由稽征机关查定。

（二）税额计算特别规定

税法特别规定，上述第二类查定计算营业税额的营业人，购买营业上使用的货物或劳务，取得载有营业税额的凭证，并按规定申报的，主管稽征机关应按其进项税额 10%，在查定税额内扣减。但查定税额未达起征点的，不适用此项规定。前项税额 10% 超过查定税额的，下期可以继续扣减。计算公式如下：

应纳（留抵）税额 =（查定）销售额 × 税率 - 进项税额 × 10% - 上期累积留抵的进项税额

三、兼营营业人税额的计算

兼营营业人税额计算的规定与加值型营业人相同，但如果营业人因兼营免税货物或劳务，或因税法其他规定而有部分不得扣抵情况的，其进项税额不得扣抵销项税额采用比例扣抵计算办法或直接扣抵法。

当期不得扣抵比例 =（当期免税销售额 + 当期应课总额型营业税的销售额）÷ 当期全部销售额

依规定，营业人进口供营业用的货物，除乘人小汽车外，在进口时免征营业税。但兼营免税货物或劳务的，其进口货物，应征营业税的比例及报缴办法，有关部门另行规定。

1. 比例扣抵法

（1）兼营营业人当期应纳溢付营业税额，依下述规定计算：

应纳（溢付）税额 = 销项税额 + 进口货物（或购买国外劳务）应补缴税额 −（进项税额 − 不得扣抵的进项税额）×（1 − 当期不得扣抵比例）

（2）兼营营业人进口供营业用的货物（除乘人小汽车外）或购买国外劳务，按下列公式计算其应补缴营业税额，并同当期营业税额申报缴纳。

进口货物（或购买国外劳务）应补缴税额 = 供营业用未课税的进口货物总价额（或购买国外劳务给付额）×5% × 当期不得抵扣比例

进口货物总价额 = 关税完税价格 + 进口税捐 + 商港建设费 + 货物税

（3）兼营营业人在报缴当年最后一期营业税时，应按当年不得扣抵比例调整规定后，并同最后一期应纳税额办理申报缴纳，其计算公式如下：

全年调整应纳（溢付）税额 = 当年已扣抵的进项税额 −（当年进项税额 − 当年不得扣抵的进项税额）×（1 − 当年不扣抵比例）+ 当年进口货物总价额（或购买国外劳务给付额）×5% × 当年不得抵扣比例 − 当年进口货物（或购买国外劳务）已纳税额

2. 直接扣抵法

兼营营业人最近3年内无重大逃漏税，且账簿记载完备，能明确区分所购买货物、劳务或进口货物的实际用途区分为以下三种：①专供经营加值型营业税应税（或零税率）营业用的；②专供经营免税及非加值型营业税营业用的；③供以上两项共同使用的。并于账簿上明确记载者，可向稽征机关申请核准采用直接扣抵法，按货物或劳务的实际用途计算进项税额可扣抵销项税额的金额及进口货物、购买税法特别规定劳务的应纳税额。但核准3年内不得申请变更。

应纳（溢付）税额 = 销项税额 + 进口货物（或购买国外劳务）应补缴税额 − [（进项税额 − 税法规定的不得扣抵的进项税额）×（1 − 当期不得扣抵比例 − 专供经营免税营业用的货物或劳务的进项税额）−（共同使

用的货物或劳务的进项税额×当期不得抵扣比例)]

其中:

进口货物(或购买国外劳务)应补缴税额=专供经营免税营业用货物总价额(或国外劳务给付额)×5%+共同使用货物的总价额(或国外劳务的给付额)×5%×当期不得扣抵比例

四、购买课税的税额计算

(一)进口货物

(1)进口货物按关税完税价格加计进口税捐及商港建设费后的数额按税率计算营业税额。

(2)入境旅客携带行李物品,超出旅客携带自用物品免征进口税品范围的,其超出部分依入境旅客携带行李物品报验税办法核定的完税价格,按规定计算营业税额。

(3)进口邮包,超出邮包免税与免验结汇签证限度规则的免税金额的,其超出部分均应在进口时按关税完税价格,按规定计算营业税额。

(4)其计算公式为:

应纳税额=进口总价额×税率

(二)购买国外劳务

(1)外国的事业、机关、团体、组织,在台湾境内,无固定营业场所而有销售劳务的,应由劳务买受人于给付报酬的次期15日以前,就合约额依税法所定税率,计算营业税额缴纳。

(2)计算公式为:

应纳税额=给付额×税率

(三)法院、海关及其他机关拍卖货物

法院、海关及其他机关拍卖货物计算公式为:

应纳税额=拍卖或成交价格×税率

第六节 营业税的征收管理

一、申报与缴纳

营业税报缴期限为两个月报缴一次,营业人每逢单月的15日以前报缴

其上两个月的销售额与应纳或溢付税额。

营业人销售货物或劳务适用零税率的，应向稽征机关申请以每月为一期，在次月 15 日前申报其上 1 个月的销售额与应纳或溢付税额。但同一年内不得变更。

二、主要罚则

（1）不依规定缴纳税款或滞纳金、怠报金的，从应缴纳期限届满的次日起，每逾 2 日加征 1% 滞纳金；逾期 30 日仍未缴纳的，除依法移送法院强制执行外，并由稽征机关停止其营业。

（2）纳税人有下列情形之一的，除追缴税款外，按所漏税额处 1 ~ 10 倍罚金，并停止其营业：

①未依规定申请营业登记而营业的；

②逾规定期限 30 日未申报销售额或统一发票明细表，亦未按应纳税额缴纳营业税的；

③短报或漏报销售额的；

④虚报进项税额的；

⑤申请注销登记后，或经主管稽征机关依本法规定停止其营业后，仍继续营业的；

⑥逾规定期限 30 日未依规定缴纳营业税的；

⑦其他有漏税事实的。

（3）营业人漏开统一发票或在统一发票上短开销售额经查获的，除就短漏开销售额按规定税率计算税额缴纳税款外，处 1 ~ 10 倍罚金。一年内经查获达 3 次的，停止其营业。

（4）主管稽征机关依规定为停止营业处分时应订定期限，最长不得超过 6 个月。但停业期限届满后，该受处分的营业人，对于应履行的义务仍不履行的，应继续处分至履行义务时为止。前项停止营业的处分，由警察机关协助执行，并在执行前通知营业人的主管机关。

（5）不依规定申请、变更、注销登记和申报暂停营业、复业或申请登记事项不实的，除通知改正或补办外，处 1 500 台币以上 15 000 台币以下罚金。

第五章　货物税（Commodity Tax）

货物税是对货物税条例规定的特定货物课征的一种税。这种税类似大陆的消费税，如对非必需品重税，对民生必需品不课或轻税，旨在引导消费方向，调节消费结构，具有积极的社会政策意义。

通过本章读者可以了解：货物税的概念、特点、征收原则与作用、纳税人与征税范围、税率及税额计算方法、税款征收管理等。

第一节　货物税概述

一、货物税的概念

台湾货物税，是对《货物税条例》规定的特定物品，从价或从量计征的一种税。在我国台湾地区，货物税实际上由两个税种——一般货物税和烟酒税构成。

1. 货物税

台湾的货物税的开征始于民国时期的1946年，其后为适应经济发展和税制完善的需要，前后修正了20多次。现行的货物税是对《货物税条例》规定的特定物品，在产制或进口环节从价或从量计征的一种税。具有以下特点：

（1）这种货物税是一种狭义的消费税，仅对货物税条例规定的特定物品课征。

（2）货物税对在台湾境内产制或从境外输入的某些货物，在产制及进口时加以课征，是一种单一阶段销售税。

（3）货物税是对应税货品在出厂销售时征收的税，或对于出产货物在产区市场所课征的税，因此它具有出厂税与出产税的性质。

2. 烟酒税

烟酒税在台湾地区可以说是个新税种。2000年，台湾当局为满足加入

WTO的需要，在原“公卖利益”（类似于大陆的“专卖”）的基础上，将烟酒从货物税中独立出来自成税种，征收烟酒税。烟酒税是对无论是境内产制还是自境外进口的烟酒所征收的一种“特别消费税”。

二、货物税的特点

（1）货物税是一种狭义的货物税，仅对货物税条例规定的特定物品课征。

（2）货物税对在台湾境内产制或从境外输入的某些货物，在产制及进口时加以课征，是一种单一阶段销售税。

（3）货物税的纳税人虽为生产者，但实际负税人却为消费者，因此是一种间接消费税。

（4）货物税是对应税货品在出厂销售时征收的税，或对于出产货物在产区市场所课征的税，因此它具有出厂税与出产税的性质。

三、货物税征收的原则和作用

（一）征收原则

（1）对于民生必需的消费品，应该轻课或免课货物税；对于奢侈的消费品，应该重课货物税，以正确引导消费，避免不合理的消费倾向产生的消极效应。

（2）在经济景气时期，增加货物税的征收，可降低有效需求，避免通货膨胀；在经济低迷时期，减少课征货物税，以鼓励消费，刺激经济复苏。

（3）课征货物税的物品，必须生产集中，产量巨大，以使税源充实、便于征收。

（二）作用

（1）货物税税源广阔，税收丰裕，可按需要增加税目和调整税率，以适应财政需要。

（2）货物税可实施轻税，以鼓励消费，促进某种生产；相反，也可以实施重税以抑制某种生产与消费。因此对征税品的选择及税率的运用，可以配合经济政策的需要。

（3）货物税可以对民生必需品不征税或实施轻税，以照顾大众的消费生活；对非必需品尤其是奢侈品，实施重税，减少消费，以引导正确的消费方向。

第二节　货物税的纳税人和征税范围

一、纳税人

货物税的纳税人为在台湾境内产制、进口应税货物的厂商或其他个人，包括以下3种类型：

（1）境内产制的应税货物，纳税人为各产制厂商。

（2）委托代制的应税货物，纳税人为受托的产制厂商。委托厂商为产制应税货物的厂商的，可以向主管稽征机关申请以委托厂商为纳税人。

（3）境外进口应税货物，纳税人为货物的收货人、提货单或货物持有人。

烟酒税之纳税义务人如下：

（1）境内产制的烟酒，为产制厂商。

（2）委托代制的烟酒，为受托的产制厂商。若委托厂商为产制应税烟酒的厂商，可以向主管稽征机关申请以委托厂商为纳税义务人。

（3）国外进口的烟酒，为收货人、提货单或货物持有人。

（4）法院及其他机关拍卖尚未完税的烟酒，为拍定人。

（5）免税烟酒因转让或移作他用而不符免税规定者，为转让或移作他用的人或货物持有人。

二、征税范围

1．货物税

货物税条例规定的货物，除法律另有规定外，不论其在境内产制或从境外进口，均应按货物税条例征收货物税。货物税的应税货物如下：

（1）卷烟：用卷烟纸卷成的纸烟，包括用烟叶制成的雪茄及洋式烟类。

（2）薰烟叶。

（3）洋酒、啤酒、火酒除外。

（4）橡胶轮胎。

（5）水泥：水泥及代水泥。

（6）饮料品：设厂机制的清凉饮料品。

（7）平板玻璃：磨光或磨砂、有色或无色、有花或有隐纹、磋边或未磋边、卷边或不卷边的各种平板玻璃及玻璃条。

（8）油气类：汽油、柴油、煤油、航空燃油、燃料油、天然气、溶剂油、液化石油气。

（9）电器类：电冰箱、彩色电视机、冷暖气机、除湿机、录影机、电唱机、录音机、音响组合。

（10）车辆类：汽车、机车。

2. 烟酒税

烟酒税的征税范围包括烟酒税法所规定的烟酒，不论在境内产制（包括制造、分装等有关行为）或自境外进口，都应依法征税。

（1）烟：指全部或一部分以烟草或其代用品作为原料，制成可供吸用、嚼用、含用或闻用之制成品。包括：纸烟、烟丝、雪茄及其他烟品。

（2）酒：指含酒精成分以容量计算超过0.5%的饮料、其他可供制造或调制前项饮料的未变性酒精及其他制品。包括：酿造酒类（含啤酒和其他酿造酒类两个子目）、蒸馏酒类、再制酒类、米酒、料理酒、其他酒类（包括粉末酒、胶状酒、含酒香精、蜂蜜酒及其他未列名之酒类）、酒精（指含酒精成分以容量计算超过80%的未变性酒精）。但烟酒管理法第四条规定的不以酒类管理的酒类制剂不包括在本税目征税范围之内。

第三节　货物税的税收优惠

1. 货物税的减免

根据货物税条例规定，应税货物有下列情形之一的，免征货物税：

（1）运销境外的。

（2）参加展览，并不出售的。

（3）用作制造另一应税货物的原料的。

（4）内胎、人力及兽力车辆及农耕机用的橡胶轮胎。

（5）符合标准的纯天然果汁、果浆、浓缩果浆、浓缩果汁及纯天然蔬菜汁。

（6）导电玻璃及供生产模具用的强化玻璃。

（7）工厂使用的湿度调节器。

（8）手提32公分以下的电唱机。

（9）供研究发展用的进口车辆、附有特殊装置专供公共安全及公共卫生目的使用的特种车辆、邮政供邮件运送的车辆、装有农业工具的牵引车、符合规定规格的农地搬运车以及不行驶道路的各种工程车 。

2. 烟酒税的减免

（1）烟酒有下列情形之一者，免征烟酒税：

①用作产制另一应税烟酒者；

②运销国外者；

③参加展览，于展览完毕原件复运回厂或出口者；

④旅客自国外随身携带之自用烟酒或调岸船员携带自用烟酒，未超过政府规定之限量者。

（2）已纳烟酒税之烟酒，有下列情形之一者，退还原纳烟酒税：

①运销境外者；

②用作制造外销物品之原料者；

③滞销退厂整理或加工为应税烟酒者；

④因故变损或品质不合政府规定标准经销毁者；

⑤产制或进口厂商于运送或存储烟酒之过程中，遇火焚毁或落水沉没及其他人力不可抵抗之灾害，以致物体消灭者。

第四节　货物税的税率和税额计算

一、税率

（一）基本规定

各类应税货物，采用差别比例税率或固定税额。其税率、税额及计价单位见表3－8。

表 3－8　货物税的税率

应税货物	税率或税额	计价单位
橡胶轮胎	15%	个
橡胶轮胎（大客车及大货车使用的）	10%	个
白水泥、有色水泥	600 台币	公吨
卜特兰一型水泥	320 台币	公吨
卜特兰高炉水泥（炉渣含量 25% 以上）	280 台币	公吨
代水泥、其他水泥	440 台币	公吨
饮料品	15%	打
稀释天然果蔬汁	8%	打
平板玻璃及玻璃条	10%	箱（9.29 平方公尺）
油气类：		
汽油	6 500 台币	公升
柴油	3 800 台币	公升
煤油	4 500 台币	公升
航空燃油	580 台币	公升
燃料油	100 台币	公升
天然气	110 台币	千立方公尺
溶剂油	720 台币	公升
液化石油气	660 台币	公吨
电器类：		
电冰箱	13%	台
电视机（彩色）	13%	台
冷暖气机	20%	台
冷暖气机（中央系统型）	15%	台
除湿机	15%	台
录影机	13%	台
电唱机	10%	台
录音机	10%	台

（续上表）

应税货物	税率或税额	计价单位
音响组合	10%	台
电烤箱	15%	台
车辆类：		
小客车（9 人座以下，汽缸排气量 2 000cc 以下的）	25%	辆
小客车（9 人座以下，汽缸排气量 2 001 ~3 600cc 的）	35%	辆
小客车（9 人座以下，汽缸排气量 3 601cc 以上的）	60%	辆
货车大客车及其他车辆	15%	辆
机车	17%	辆
电动车辆	按上述各种车辆减半征收	辆

（二）特殊规定

（1）油气类税率 50% 以内，予以增减。目前汽油按 90%，柴油及煤油按 75% 税率课征。

（2）各种油类掺和制造供不同用途的油品，一律按其所含主要油类的税率课征。

（3）电器类各款货物，如有与非应税货物组合制成的货物，或其组合的货物适用不同税率的，按最高税率课征。

（4）产制厂商在 1990 年 6 月 30 日以前已产销的旧车型汽车，自同年 7 月 1 日起 2 年内继续产制出厂该旧型汽车，装置触媒转化器，符合规定的空气污染物排放标准，经环保主管机关认定证明的，按规定税率减征 2%。

（5）汽车如果使用台湾人自行设计的引擎、底盘或车身制造，经工业主管机关认定证明的，从其首次出厂之日起 4 年内，按规定税率每项各减征 3%；机车如使用自有品牌，且引擎、车架及外形都是自行设计制造并经工业主管机关认定证明的，从其首次出厂之日起 3 年内，按规定税率减征 3%。

表 3－9　烟酒税的税率

应税货物		计税单位	税额（台币）
烟	1. 纸烟	公斤	590
	2. 烟丝	公斤	590
	3. 雪茄	公斤	590
	4. 其他烟品	公斤	590
酒	1. 酿造酒类： A. 啤酒 B. 其他酿造酒	 公升 公升	 26 7
	2. 蒸馏酒类	公升	185
	3. 再制酒类： A. 酒精成分以容量计算超过 20% 者 B. 酒精成分以容量计算在 20% 以下者	 公升 公升	 185 7
	4. 米酒	公升	185
	5. 料理酒	公升	22
	6. 其他酒类	公升	7
	7. 酒精	公升	11

注：烟品另征健康福利捐。健康福利捐应用于全民健康保险安全准备、中央与地方之烟害防治、卫生保健及社会福利。烟酒税征收、纳税义务人、免税、退税及稽征之规定，均适用于烟品健康福利捐。其应征金额如下：

① 纸烟：每千支征收 250 台币。

② 烟丝：每公斤征收 250 台币。

③ 雪茄：每公斤征收 250 台币。

④ 其他烟品：每公斤征收 250 台币

二、税额的计算

1. 货物税

采用从价计税和从量计税两种方式。

(1) 从价计税。

采用从价计税，其计税依据为“完税价格”。计算公式为：

应纳税额 = 完税价格 × 计价单位数量 × 税率

完税价格的确定有以下几类：

①一般货物的完税价格。

境内产货物的完税价格以产制厂商的销售价格减除内含货物税额计算（完税价格也包括该货物包装物的价格，境内产制饮料品的容器除外）。计算公式为：

完税价格 = 销售价格 / (1 + 税率)

销售价格指产制厂商当月销售货物（但不包括免税货物及一年期以上分期付款销售的货物）给批发商的销售价格；无中间批发商的，应扣除批发商的毛利（各类产品批发商的毛利率见税目税率表）；价格有高低不同的，应以销售数量加权平均计算，但有下列情况之一的，不得列入加权平均计算：

A. 销售价格明显偏低又无正当理由的；

B. 自用或出厂时，无销售价格的。

产制厂商出厂的货物，如月无销售价格，准用该应税货物上月或最近月份的完税价格；如无上月或最近月份的完税价格的，以类似货物的完税价格计算；若无类似货物的，可以该货物的制造成本加计利润作为完税价格，待销售后再按其销售价格计算完税价格调整征收。

产制厂商申报应税货物之销售价格及完税价格，主管稽征机关进行调查时，发现有不合前述情况，应予调整者，应叙明事实，检附有关资料，送请“财政部”赋税署货物税评价委员会评定。

②委托产制货物的完税价格。

产制厂商接受其他厂商提供原料，代制应税货物的，以委托厂商的销售价格，按规定计算完税价格。

③境外输入货物的完税价格。

境外进口应税货物的完税价格，应按关税完税价格加计进口税捐的总额计算。免征进口税捐的，计算完税价格时，仍应加计其免征进口税捐的数额 。计算公式为：

完税价格 =（进口货物关税完税价格 + 进口税捐总额）/（1 + 原征货物税税率）

［例］A 企业销售一批彩色电视机，共 1 000 组，每组销售价格 11 500 元，计算 A 企业应纳货物税。

解：A 企业应纳货物税 = ［11 500/（1 + 15%）］×1 000 = 10 000 000 台币

（2）从量计税。

采用从量计税，按每单位应征固定税额乘以其应税数量而得，计算公式如下：

应纳税额 = 固定税额 × 应税数量

2. 烟酒税

台湾烟酒税全部采用定额税率，因此在计算应纳税额时采用从量计税办法，按每单位应征固定税额乘以其应税数量而得，计算公式如下：

应纳税额 = 固定税额 × 应税数量

此外，烟类产品需另外按固定税额加征烟品健康福利税。

第五节　货物税的征收管理

一、申报与缴纳

（1）产制厂商当月出厂货物的应纳税款，应于次月 15 日前自行向公库缴纳，并按规定的格式填具计算税额申报书，向主管稽征机关申报；无应纳税额的，也应向主管稽征机关申报 。

（2）国外进口的应税货物，由海关依照货物税条例规定计算完税价格，在征收关税时代征货物税。进口应税货物的纳税人，应在货物进口时，向海关申报缴纳货物税，在完税后向海关请领完税照。

（3）产制厂商逾规定期限未申报税额的，主管稽征机关应立即通知其在 3 日内缴税补办申报；逾期仍未办理的，主管稽征机关核定补征应纳税额，并加征 20% 怠报金，金额不少于 9 000 台币。逾期未缴纳的，停止其货物出厂，直至税款缴清。

（4）产制厂商未按规定期限申报计算税额申报书，而已按规定的补报期限申报纳税的，按其应纳税额加征 10% 滞报金，金额不少于 3 000 台币。

二、货物税免、退税与抵缴的程序

（一）外销货物的免税、退税与抵缴程序

（1）外销已完税货物，应在货物出口后，检具出口报关单副本及经海关加盖验戳的完税照，向产制厂商所在地主管稽征机关申请退税。

（2）外销免税货物，在出厂后因故不能出口或退货改为内销，除退运

回厂外，应向产制厂商所在地主管稽征机关报备自行填用完税照证后，才能运销。

（3）应税货物供作制造外销品的原料，有关记账、冲账、退税等事项，按照外销品冲退原料税捐办法办理。

（二）用作制造另一应税货物的原料免税、退税与抵缴程序

产制厂商以另一应税货物为原料产制应税货物，应填具该项货物所需原料计算表，申请主管稽征机关核定免征原料货物税的计算标准。

（1）产制厂商产制应税货物，采购另一应税货物为原料的，应填具三联式的购原料免税申请书，申请主管稽征机关核准免征货物税。

（2）产制厂商按规定采购的免税原料，如果须运交其他产制厂商委托代为加工，再运回本厂装配为应税货物的，应在运交受托厂商代为加工时，自行填具临时运单凭运，如果由原料供应商直接运交受托厂商代为加工的，应在采购原料免税申请书内载明。

（3）产制厂商采购免税的原料，应在免税原料运达时自行验收，并在原免税照上加盖产制厂商戳记，注明入厂日期，送所在地主管稽征机关查核。

（4）产制厂商采购应税原料制造另一应税货物，如果自行向市场采购已税货物为原料，而没有按规定办理免税手续，则不予退税。

（三）参加展览的货物的免税、退税与抵缴程序

（1）产制厂商将产制的应税货物参加展览并不出售，应将展览性质、展览会场、主办机关、展览期间及所需数量，检同该展览会主办机关证明文件，向主管稽征机关申请核准后，自行填用临时运单凭运。

（2）免税展览的货物如在展览地销售，应自行填用完税照、证并向原主管稽征机关报缴货物税。

（四）退厂整理或因故变损暨加工精制的货物的免税、退税与抵缴程序

已税货物出厂，因市场滞销或其他原因退还原厂，应凭退货交运单等文件自行退运。退厂整理后若该货物的品质、外观、形状及售价均未改变，可以免填完税照复运出厂；如果进行改装改制的，产制厂商应事先申请主管稽征机关派员到厂查核，凭完税照退税或抵缴，改装改制完后，并同当月份出厂应税货物，申报缴纳货物税。

已税货物因变质损坏，不能再销售的，可以将存置地点处理方法及日期，申请货物所在地主管稽征机关派员连同销毁或回炉后，向产制厂商所在地主管稽征机关申请退还原纳货物税。

已税货物经销售使用后，因故退换的新品，仍应征收货物税。

以已税货物加工精制同品类的应税货物的应纳税款，可以凭原完税照抵缴，并补征差额。

（五）物体消灭或遗失的货物的免税、退税与抵缴程序

应税货物遇火焚毁或落水沉没及其他人力不可抵抗灾害，导致物体消灭的，产制或进口厂商可以检具有关事证，连同原完税照、免税照或临时运单，向主管稽征机关或海关申请退税或销案。

第六章　土地税法——地价税
(Land Value Tax)

土地是财富的源泉，对土地征税可以对土地进行管理，保证土地不被随意侵蚀，保护土地资源，调节土地级差收入，促进土地的合理开发和利用。地价税是对已规定地价的土地，按土地所有权人的地价总额征收的一种税。

通过本章读者可以了解：地价税的概念与特点、地价税的纳税人、征税范围、减免规定、税率与税额计算、税款的征收管理等。

第一节　地价税概述

台湾的地价税是土地税法的重要组成内容。1949 年台湾实行土地改革，在农村耕地减租的同时，城市土地规定地价，实施地价税。1954 年台湾当局公布实施的《实施都市平均地权条例》，提出了“规定地价”、“照价征税”、“涨价归公”等基本原则，其中规定地价是根本，照价征税是指征收地价税。1977 年 7 月 14 日公布实施的土地税法，使地价税的征收有了系统完整的税法依据。2002 年 1 月 30 日修正公布新的土地税法，就是现行地价税的征税制度。

地价税是对已规定地价的土地，按土地所有权人的地价总额征收的一种税。地价税属于地方税种，它的特点是：

（1）地价税不受经济循环的影响，税收极为稳定。

（2）土地（包括土地改良物）不能移动，因此征税极为方便。

（3）地价税按其区域而划分课征，与行政区域密切配合。

第二节　地价税的纳税人和征税范围

一、纳税人

（一）纳税人

依《土地税法》规定，地价税的纳税人包括：

（1）所有权人。土地所有权属于公有或共同拥有的，以管理机关或管理人为纳税人。如果土地为分别共有的，以共有人各按其应有部分为纳税人。

（2）设有典权土地，纳税人为典权人。典权人依据契约，可长期占有使用他人的土地，享有仅次于所有权的使用物权，且通常出典的土地多有卖断的意图，所以应由典权人为纳税人。

（3）承领土地，纳税人为承领人。

（4）承垦土地，纳税人为耕作权人。

依法承领土地的承领人和依法承垦土地的承垦人，其使用土地的权利和土地所有权人所能享有的权利，已无太大区别。而且承领或承垦之后，经过一定期间，满足法定条件，即可取得完全所有权。承领人或承垦人已实际占有使用土地，并获得收益，故应由其负担缴纳地价税的义务。

（5）更新地区的土地为信托财产的，在信托关系存续中，以受托人为纳税人。

（二）代缴义务人

土地有下列情形之一的，主管稽征机关应指定土地使用人为代缴义务人，代缴其使用部分的地价税：

（1）纳税人行踪不明的。

（2）土地无人管理的。

（3）土地权属不明的。

（4）土地所有权人申请占有人代缴的。

二、征税范围

凡已规定地价的土地，除依法课征田赋以外，均应征收地价税。因此地价税的征税对象为“已规定地价的土地”。具体包括：

（1）公有土地。

（2）私有土地：指公有土地以外，经自然人或法人依法取得所有权的土地。

（3）都市土地：指依法发布都市计划范围内的全部土地。

（4）非都市土地：指都市土地以外的土地。

（5）农业用地：指供农作、森林、养殖、畜牧及与农业经营不可分离的农舍、畜禽舍、晒场、集货场、仓储设备、农路、灌溉、排水、渔用码头、水稻育苗用地、储水池、农用温室及其他农用的土地。

（6）工业用地：指依法核定的工业区土地及政府核准工业或工厂使用的土地。

（7）矿业用地：指供矿业实际使用地面的土地。

（8）自用住宅用地：指土地所有权人或其配偶、直系亲属在该地办户籍登记，而且无出租或供营业用的住宅用地。

（9）空地：指已完成道路、排水及电力设施，与有自来水地区并已完成自来水系统，而仍未依法建筑使用；或虽建筑使用，而其建筑改良物价值不及所占基地申报地价10%，且经直辖市或县（市）政府认定应予增建、改建或重建的私有及公有非公用建筑用地。

（10）供公共使用的土地：指供公众使用，不限定特定人使用的土地。

第三节　土地税的税收优惠

一、公有土地的减免

公有土地统一按基本税率征收地价税，但下列公有土地全部免征地价税：

（1）供公共使用的土地。

（2）各级政府与所属机关及地方自治机关用地及员工宿舍用地。但不包括供事业使用的在内。

（3）专卖机关的办公厅及其员工宿舍用地。

（4）公立的学校、医院、诊所、学术研究机构、社教机构及救济设施直接用地及其员工宿舍用地，以及公立学校学生实习所用的直接生产用地。

（5）粮食管理机关仓库用地及盐务机关管理的盐田与制盐用地。

（6）农、林、渔、牧、工、矿机关直接办理试验的用地。

（7）邮政、电信、铁路、公路、航空站、飞机场、自来水厂及垃圾、水肥、污水处理厂（池）等直接用地及其员工宿舍用地。但不包括其附属营业单位独立使用的土地在内。

（8）引水、蓄水、泄水等水利设施及各项建造物用地。

（9）政府无偿配供平民居住的房屋用地。

（10）名胜古迹及纪念先贤先烈的馆堂祠庙与公墓用地。

（11）观光主管机关为开发建设观光事业，依法征收或协议购买的土地，在未出卖与兴办观光事业之前确无收益的。

（12）按停车场法规定设置供公众使用的停车场用地。

二、私有土地的减免

下列因公益而使用的私有土地可免征或减征地价税：

（一）私立学校及学术研究机构用地等的减免

（1）私立学校直接用地及其员工宿舍用地，以及学校学生实习所用的直接生产用地。

（2）财团法人或财团法人所兴办业经立案的私立学校用地，为学生实习农、林、渔、牧、工、矿等所用的生产用地及符合主管教育行政机关所订管理办法的员工宿舍用地，经登记为财团法人所有的，可全免。

（3）经主管教育行政机关核准符合私立社会教育机构规程规定设立的私立图书馆、博物馆、科学馆、艺术馆及符合学术研究机构设置办法规定设立的学术研究机构，其直接用地全免。

（4）经事业主管机关核准设立，对外绝对公开，并不以营利为目的的私立公园及体育场馆，其用地减征 50%；其为财团法人组织的，减征 70%。

（5）无偿供给政府机关、公立学校及军事机关、部队、学校使用的土地，在使用期间以内全免。

（二）社会、慈善事业及公益团体所有土地等的减免

（1）经事业主管机关核准设立的私立医院、捐血机构、社会救济慈善及其他为促进公众利益，不以营利为目的，且不以同业、同乡、同学、宗亲成员或其他特定的人等为主要受益对象的事业，其本身事业用地全免。

（2）有益于社会风俗教化的宗教团体，经办妥财团法人或寺庙登记，其专供公开传教布道的教堂、经核准设立的宗教教义研究机构、寺庙用地及纪念先贤先烈的馆堂祠庙用地全免。

（3）经事业主管机关核准设立的私立公墓，其为财团法人组织，且不以营利为目的的，其用地全免。

（4）经主管机关依法指定的私有古迹用地，继续作原来使用而不违反古迹管理维护规定且无收益的全免。

（三）农、林、交通事业用地等的减免

（1）经事业主管机关核准设立的私立农、林、渔、牧、工、矿试验场，办理5年以上，具有试验事实，其土地未作其他使用，并经该主管机关证明的，其用地减征50%。

（2）经事业主管机关核准兴办的农田水利事业，所有引水、蓄水、泄水各项建造物用地全免，办公处所及其工作站房用地减征50%。

（3）经事业主管机关核准兴建的民营铁路、公用或专用铁路、公路，经常开放并附带客货运输的，其基地全免。

（4）各级农会、渔会的办公厅及其集货场，依法办理农会登记的仓库或渔会附属的冷冻鱼货仓库用地，减征50%。

（5）公有荒地放垦土地开垦完后，可由该管市县政府批准免纳土地税8年。

三、特殊土地及特殊情形的减免

（1）无偿供公共使用的私有土地，经查明属实，在使用期间内全免。

（2）都市计划公共设施保留地，在保留期间未作任何使用并与使用中的土地隔离的全免。

（3）水源水质水量保护区依都市计划程序划定为水源特定区的，减免地价税的标准如下：

①农业区及保护区，减征50%；

②商业区，减征20%；

③住宅区，减征30%。

（4）依法划定为古迹保存区或编定为古迹保存用地的土地，减免地价税的标准如下：

①禁建的土地，减征50%，但因禁建导致不能建筑使用且无收益的，

全免；

②土地或建筑物的使用及建造受限制的，减征30%。

（5）飞航管制区依飞航安全标准及航空站、飞行场、助航设备四周禁止限制建筑办法规定禁止建筑的土地，其地价税减征50%。但因禁止建筑导致不能建筑使用且无收益的，全免。

（6）依耕地减租条例规定，出租人无偿供承租人使用的农舍土地全免。

（7）因山崩、地陷、流失、沙压等环境限制及技术上无法使用的土地，或在垦荒过程中的土地全免。

（8）区段征收或重划地区内土地，在办理期间导致无法耕作或不能为原来的使用而无收益的，全免。办理完成后，自完成之日起，减半征收2年。

（9）供公共通行的骑楼走廊地，无建筑改良物（指附着于土地的建筑物或工事）的，免征地价税；有建筑改良物的，依下述规定减征：

①地上有建筑改良物一层的，减征1/2；

②地上有建筑改良物两层的，减征1/3；

③地上有建筑改良物三层的，减征1/4；

④地上有建筑改良物四层以上的，减征1/5。

第四节　地价税的税率和税额计算

一、税率

地价税的税率，可分为基本税率、累进税率与特别税率3种。

（一）基本税率

地价税基本税率为100‰。土地所有权人的地价总额未超过土地所在地直辖市及县（市）累进起点地价时，其地价税按基本税率征收。

所谓累进起点地价，指开始适用地价税累进税率的金额。它是以各该直辖市及县（市）的平均7公亩的平均地价标准确定。计算公式为：

累进起点地价＝［直辖市及县（市）规定的地价总额－工业、矿业和农业用地地价－免税地价］/［直辖市及县（市）规定的地价总面积－工业、矿业和农业用地面积－免税地面积］×7

（二）累进税率

土地所有权人的地价总额超过累进起点地价时，依下列规定税率累进课税：

（1）超过累进起点地价未达5倍的，超过部分征150‰；

（2）超过累进起点地价在5倍以上的，除按前款规定征收外，就超过5倍部分，以每超过5倍为一级距；每一级距内各就超过部分，逐级加征100‰，以加至最高税率550‰为止。各级税率的累进差额，各县市不同。基本税率与累进税率见表3－10。

表3－10　基本税率与累进税率

地价总额与累进起点地价的比率	税率	累进差额
1倍以下	100‰	——
1～6倍	150‰	累进起点地价×5‰
6～11倍	250‰	累进起点地价×6.5‰
11～16倍	350‰	累进起点地价×17.5‰
16～21倍	450‰	累进起点地价×33.5‰
21倍以上	550‰	累进起点地价×54.5‰

（三）特别税率

（1）自用住宅用地等的特别税率。

①都市土地面积未超过3公亩部分或非都市土地面积未超过7公亩部分，其地价税按20‰计征；

②依住宅条例规定，由政府直接兴建、贷款兴建和奖励投资兴建的住宅及企业或公营事业兴建专供劳工居住的劳工宿舍，从动工兴建或取得土地所有权之日起，其用地的地价税，适用税率20‰。

（2）工业、矿业、私立公园、动物园、体育场、寺庙、教堂用地、政府指定的名胜古迹、经主管机关核准设置的加油站、依都市计划法规定设置的供公众使用的停车场等供直接使用的土地，按100‰计征地价税。

（3）都市计划公共设施保留地，在保留期间仍为建筑使用的，除自用住宅用地按20‰计征外，统按60‰计征地价税。

（4）公有土地统按100‰计征地价税，但公有土地供公共使用的，免征地价税。

（5）凡经直辖市或县（市）政府核定应征空地税的土地，按该宗土地应纳地价税基本税额加征 2～5 倍的空地税。即其税率为 200‰至500‰。

二、税额的计算

（1）一般计算公式：

依土地税法规定，地价税按每一土地所有权人在每一直辖市或县（市）辖区内的地价总额，按相应的税率计算。一般计算公式为：

应纳税额＝地价总额 × 级距税率－累进差额－减税额

减税额＝（减税土地课税地价×级距税率－累进差额）×减征比率或减税土地面积比例（减税额指土地税减免规则各项所定的减税土地得减征的税额）

（2）适用特别税率的土地的计算公式：

应纳税额＝特别税率土地地价总额×特别税率－减税额

（3）兼有适用累进税率与特别税率的土地的计算公式：

应纳税额＝［（地价总额－特别税率土地课税地价）×级距税率－累进差额］＋（特别税率土地课税地价×特别税率）－减税额

（4）空地：

应纳空地税额＝空地课税地价× 100‰ ×加征倍数

（5）分单缴纳的土地：

欠缴地价税的土地在移转时，由土地所有权人申请分单缴纳。分单缴纳税额的计算公式如下：

核准分单缴纳当年（期）税额＝分单土地的当年（期）课税地价／当年（期）课税地价总额×当年（期）应缴地价税税额

三、实例计算

［例1］张某在某市有两块土地，甲地 70 平方米，每平方米10 000台币，乙地 60 平方米，每平方米 8 800 台币，假设该县累进起点地价为 170 万台币，而乙地按自用住宅用地税率计课，请问张三每年应纳地价税多少？

解：自用住宅用地优惠税率不累进，故单独计算，不必与其他土地合并地价计算税额。

（1）甲地申报地价 × 面积 = 甲地地价总额 <（累进起点地价）（170 万台币），甲地适用基本税率。

10 000 ×70 =700 000（台币）

地价总额×税率=税额（甲地）

700 000 ×10‰ =7 000（台币）

（2）乙地申报地价×面积=乙地地价总额

8 800 ×60 =528 000（台币）

地价总额×税率=税额

528 000 ×2‰ =1 056（台币）

（3）甲地税额+乙地税额=张三每年应纳税额

7 000 +1 056 =8 056（台币）

［例2］李四在某县有三块土地，甲地 88 平方米，申报地价每平方米 18 000 台币；乙地 80 平方米，申报地价每平方米 22 000 台币；丙地 888 平方米，申报地价每平方米 8 800 台币。请问李四每年应纳地价税多少台币？

解：（1）基本算法：申报地价 × 面积 = 甲地地价总额

（甲地）18 000 ×88 =1 584 000（台币）

申报地价×面积=乙地地价总额

（乙地）22 000 ×80 =1 760 000（台币）

申报地价×面积=丙地地价总额

（丙地）8 800 ×888 =7 814 400（台币）

1 584 000 +1 760 000 +7 814 400 =11 158 400（台币）

11 158 400 ÷1 700 000 =6. 56（倍）

（超过累进起点地价 5 ~10 倍，适用 25‰税率）

未超过累进起点地价×税率=税额……………………… 1

1 700 000 ×10‰ =17 000（台币）

超过累进起点地价未达 5 倍×税率=税额……………… 2

8 500 000 ×15‰ =127 500（台币）

超过累进起点地价 5 ~10 倍×税率=税额……………… 3

958 400 ×25‰ =23 960（台币）

李四全年应纳地价税额：

税额 1 +税额 2 +税额 3 =全年应纳地价税税额

17 000 + 127 500 + 23 960 = 168 460（台币）

（2）速算法：（即套地价税计算公式）

应纳税额 = 地价总额 × 税率 －（累进起点地价 × 0.065）

= 11 158 400 × 25‰ －（1 700 000 × 0.065）

= 278 960 － 110 500

= 168 460（台币）

第五节　地价税的征收管理

地价税由直辖市及县（市）主管稽征机关按照地政机关编送的地价归户册及地籍异动通知资料核定，每年征收 1 次，必要时分两期征收，其纳税义务基准日，每年一次征收的为 9 月 15 日；每年 2 次征收的，上期为 3 月 15 日，下期为 9 月 15 日。

主管稽征机关查定纳税人每期应纳地价税额后，应填发地价税税单，分送纳税人或代缴义务人，纳税人或代缴义务人应于收到地价税税单后 30 日内，向指定公库缴纳。但每期地价税额，每户未满 100 台币的，免予征收。

纳税人或代缴义务人未于税单所载限缴日期以内缴清应纳税款的，每逾 2 日按滞纳数额加征 1% 滞纳金，逾期 30 日仍未缴纳的，移送法院强制执行。

纳税人在减免地价税的原因、事实消灭时，未向主管稽征机关申报，逃税或减轻税负的，除追补应纳部分外，处短匿税额 3 倍的罚金。

第七章　土地税法——土地增值税
(Land Value Added Tax)

土地是财富的源泉，对土地征税可以对土地进行管理，保证土地不被随意侵蚀，保护土地资源，调节土地级差收入，促进土地的合理开发和利用。土地增值税是对土地所有权人在申报地价后的土地自然涨价，在土地所有权移转或设定典权时征收的一种税。

通过本章读者可以了解：土地增值税的概念、纳税人、征税范围、减免规定、税率与税额计算以及税款的征收管理等。

第一节　土地增值税概述

土地增值税是在土地所有权移转或设定典权时，对土地所有权人在申报地价后的土地自然涨价征收的一种税。

台湾面积虽然有 3.6 万平方千米，但其中 88% 是林地和山坡，只有 4 400 平方千米被划为都市土地，而真正可以投入房地产开发的仅占土地总面积的 2.5%，这导致台湾人多地少，土地不断涨价，土地投机现象较为严重。针对这种情况，台湾早在 20 世纪 50 年代后期就开始征收土地增值税。1954 年，台湾“政府”为改革土地制度制定了《实施都市平均地权条例》，明确规定：为实施涨价归公，土地的自然增值，应于土地所有权转移时逐渐收归公有。1958 年修订了平均地权条例，土地增值税比以前有所调整；1977 年制定并公布土地税法，将土地增值税征收制度集中反映出来，以改变原来散见于城市平均地权条例等法规中的做法，并对原土地增值税实施办法进行了修订；1989 年再次修订公布土地税法；1994 年财政部提出“土地交易课税制度研讨方案”。经多次变革，台湾土地增值税制不断完善，已成为台湾地方政府财政收入的主要税收来源。现行的土地增值税条例于 2002 年 1 月 30 日修正公布。

土地增值税具有如下特点：

（1）对土地自然增值额课征，而非对全部增值额。

（2）纳税人范围广，土地所有权人在申报地价后的土地自然涨价，在土地所有权移转或设定典权时，都应征收土地增值税。

（3）采用扣除法计算涨价总数额作为计税依据。

（4）实行超额累进税率和特别税率两种。

第二节　土地增值税的纳税人和征税范围

一、纳税人

依土地税法规定，土地增值税的纳税人包括：

（1）土地为有偿移转的，纳税人为原所有权人。

（2）土地为无偿移转的，纳税人为取得所有权的人。

（3）土地设定典权的，纳税人为出典人。

（4）土地所有权移转，其应纳的土地增值税，纳税人未在规定期限内缴纳的，由取得所有权的人代为缴纳。

（5）按平均地权条例规定由权利人单独申报土地移转现值的，其应纳的土地增值税，应由权利人代为缴纳。

（6）经法院拍卖的土地，按拍定价额等审定的移转现值核定其土地增值税。

二、征税范围

平均地权条例规定，土地所有权人在申报地价后的土地自然涨价，应在土地所有权移转或设定典权时，征收土地增值税。土地增值税的征税范围为：

（1）因土地移转而实现的土地自然涨价。

（2）因土地设定典权而拟制实现的土地自然涨价。

第三节　土地增值税的税收优惠

一、免征规定

依规定，下列土地免征土地增值税：

（1）政府出售的土地及政府依法赠与的公有土地。

（2）因继承而移转的土地。

（3）政府接受捐赠的私有土地。

（4）所有土地照原有持分比例（分别共同及共同拥有均同）计算所得的价值分割或合并，不征土地增值税。

（5）私人捐赠与办社会福利事业或依法设立私立学校使用的土地，免征土地增值税。

（6）依都市计划法指定的公共设施保留地尚未被征收前的移转，免征土地增值税。

（7）配偶相互赠与的土地。

（8）被征收的土地，免征其土地增值税。

（9）依法征收的私有土地，土地所有权人自愿按公告土地现值的价格售给需地机关的，免征土地增值税。

（10）区段征收的土地，以现金补偿其地价或领回抵价地不足最小建筑单位面积而领取现金补偿或依规定以抵价地补偿其地价的，免征其土地增值税。

（11）农业用地在依法作农业使用时，移转与自行耕作的农民继续耕作的，免征土地增值税。

二、减征规定

土地增值税减征规定如下：

（1）经重划的土地，于重划后第一次移转时，其土地增值税减征 40%。

（2）区段征收的土地，以抵价地补偿其地价的，在领回抵价地后第一次移转时，土地增值税减征 40%。

第四节　土地增值税的征税对象

台湾“宪法”规定：土地价值非因施以劳力资本而增加者，应由国家征收土地增值税，归人民共享。土地税法规定，土地增值税是对规定了地价的土地，于所有权转移时，对其土地涨价总数额征收。土地增值税的课税对象为土地的涨价总数额，它是以纳税人及权利人申报移转或申报设定典权时，该土地的公告现值为计算基础，减除规定的扣除项目的余额。

一、计算基础

土地涨价总数额的计算，以纳税人及权利人申报移转或申报设定典权时，该土地的公告现值为计算基础。如果申报的土地实际移转现值超过公告现值的，以自行申报的移转现值为计算基础。

土地所有权移转或设定典权时，权利人及义务人应于订定契约之日起30日内，检同契约及有关文件，共同申请土地所有权移转或设定典权登记，并共同申报其土地移转现值。但依规定得由权利人单独申请登记的，权利人单独申报其移转现值。其申报移转现值的审核标准，依下列规定：

（1）申报人于订定契约之日起30日内申报者，以订约日当期之公告土地现值为准。

（2）申报人逾订定契约之日起30日始申报者，以受理申报机关收件日当期之公告土地现值为准。

（3）遗赠之土地，以遗赠人死亡日当期之公告土地现值为准。

（4）依法院判决移转登记者，以申报人向法院起诉日当期之公告土地现值为准。

（5）经法院拍卖之土地，以拍定日当期之公告土地现值为准。但拍定价额低于公告土地现值者，以拍定价额为准；拍定价额如已先将设定抵押金额及其他债务予以扣除者，应以并同计算之金额为准。

（6）经政府核定照价收买或协议购买之土地，以政府收买日或购买日当期之公告土地现值为准。但政府给付之地价低于收买日或购买日当期之公告土地现值者，以政府给付之地价为准。

二、扣除项目

（1）规定地价后，未经过移转的土地，是其原规定地价；规定地价后，曾经移转的土地，其前次移转时核计土地增值税的现值。若因继承取得的土地再进行移转的，是指继承开始时该土地的公告现值。

（2）土地所有权人为改良土地已支付的全部费用，也包括已缴纳的工程受益费及土地重划费用，及因土地使用变更而无偿捐赠一定比率土地作为公共设施用地的，是其捐赠时捐赠土地的公告现值总额。但照价收买的土地，已由政府依平均地权条例规定补偿的改良土地费用及工程受益费不包括在内。

（3）原规定地价及前次移转时核计土地增值税的现值，如遇一般物价有变动时，应按申报移转现值根据当时已公告的最近台湾地区消费的物价总指数调整。

三、土地涨价总数额的计算公式

土地涨价总数额 = ［（申报土地移转 − 原规定地价或前次移转时所申报的土地移转现值）× 台湾地区消费的物价总指数 / 100］− 改良土地费用 − 工程受益费 − 土地重划负担总费用 − 土地使用变更而无偿捐赠的土地公告现值总额

第五节　土地增值税的税率和税额计算

一、税率

（一）土地增值税的税率以涨价倍数为基础而采用累进税率

土地增值税的税率采用累进税率，其规定如下：

（1）土地涨价总数额超过原规定地价或前次移转时核计土地增值税的现值数额未达 100% 的，就其涨价总数额征收增值税 40%。累进差额为 0。

（2）土地涨价总数额超过原规定地价或前次移转时核计土地增值税的现值数额在 100% 以上，未达 200% 的，其超过部分，征收增值税 50%。累进差额为物价指数调整后原地价的 10%。

（3）土地涨价总数额超过原规定地价或前次移转时核计土地增值税的

现值数额在200%以上的，其超过部分，征收增值税60%。累进差额为物价指数调整后原地价的30%。

（二）特别税率

自用住宅用地税率为10%。其适用条件有以下几条：

（1）土地所有权人出售前一年内未曾供营业或出租的住宅用地。

（2）地上建物须为土地所有权人或其配偶、直系亲属所有，并已在该地办竣户籍登记。

（3）都市土地面积未超过三公亩或非都市土地面积未超过七公亩部分。

（4）一人一生只能享用一次。

（5）自用住宅建筑完成一年内，其评定房屋现值须达所占基地公告现值10%。

二、税额的计算

（一）一般土地的计算公式：

应纳税额＝土地涨价总数额×级距税率－累进差额－减税额－抵缴税额

减税额＝（减税土地涨价总数额×级距税率－累进差额）×减征比率

（二）特别税率的土地的计算公式：

应纳税额＝特别税率土地涨价总数额×特别税率－减税额－抵缴税额

（三）兼用累进税率与特别税率的土地的计算公式：

应纳税额＝（土地自然涨价总数额－特别税率的土地自然涨价总数额）×级距税率－累进差额＋（特别税率土地自然涨价数额×特别税率）－减税额－抵缴税额

（四）抵缴税额的确定

土地所有权人办理土地移转缴纳土地增值税时，在持有土地期间，因重新规定地价增缴的地价税，可就移转土地部分，准予抵缴其应纳的土地增值税。但准予抵缴的总额，不得超过土地移转时应缴增值税总额5%。依法征收的空地税，则不可用以抵缴土地增值税。

依《增缴地价税抵缴土地增值税办法》规定，土地所有权人在持有土地期间，经重新规定地价的，其增缴的地价税，自重新规定地价起（按新地价核计的税额），每缴纳一年地价税抵缴该笔土地应缴土地增值税总额1%（缴纳半年的，抵缴0.5%）。

［例］A先生拥有一块土地，前次移转时所申报的地价为1 000 000台

币，移转时申报移转现值为5 000 000台币，支付土地改良费用500 000台币，土地重划费用500 000台币。请计算A先生应纳土地增值税（假设一般物价无变动）。

土地涨价总额 = 5 000 000 − 1 000 000 − 500 000 − 500 000
= 3 000 000台币

应纳土地增值税 = 1 000 000 × 40% + 1 000 000 × 50% + 1 000 000 × 60%
= 400 000 + 500 000 + 600 000
= 1 500 000台币

第六节 土地增值税的征收管理

已规定地价的土地，在所有权移转或设定典权时，权利人及义务人应在订定契约之日起30日内，检同契约及有关证明文件，共同向主管稽征机关申报土地移转现值。但依规定得由权利人单独申请登记的，权利人可单独申报移转现值。主管稽征机关在收件之日起7日或20日（申请按自用住宅用地税率课税的）内，核定应纳土地增值税额，并填发税单，送达纳税人。

土地增值税纳税人在收到土地增值税缴纳通知书后，应在30日内向公库缴纳。

土地增值税税额在100台币以下的，免予征收。

纳税人或代缴义务人未在税单所载限缴期以内缴清应纳税款的，每逾2日按滞纳数额加征1%滞纳金；逾30日仍未缴纳税款的，移送法院强制执行。

受赠土地的财团法人，如果有未按捐赠目的使用土地、违反各该事业设立宗旨或土地收益未全部用于各该事业的情形之一，应追补应纳的土地增值税，并处应纳土地增值税额2倍的罚金。

依规定取得的农业用地，取得者在完成移转登记后，有不继续耕作情形的，处以原免征土地增值税2倍的罚金，其金额不少于取得时申报移转现值2%。

第八章 房屋税 (House Tax)

台湾房屋税是对房屋所有人拥有的房屋的价值征收的一种税，属于财产税范畴。财产税是一种古老的税收形式，对财产课税可以促进社会财富公平分配，有利于将一些闲置的或用于消费性的财产，投入使用或转化为生产性资源，以此来增加财政收入。

通过本章读者可以了解：房屋税的概念、纳税人、征税范围、减免规定、税率与税额计算和税款的征收管理等。

第一节 房屋税概述

台湾的房屋税是对房屋所有人拥有的房屋的价值征收的一种税，是一种标准的财产税。

1947 年台湾公布房屋税条例。1950 年更名为房捐条例，1955 年修正该条例。1960 年开始拟定新的房屋税条例，1967 年 4 月 11 日发布，1968 年 1 月 1 日施行，正式改“捐”为“税”。其后经历多次修正。现行房屋税条例于 2001 年 6 月 20 日修正公布。房屋税的优点是稽征简便，稽征成本低，而且逃漏税的情况少。但在都市化的发展过程中，房屋建筑朝向大楼发展成为趋势，台湾现行的房屋税课税现值的评定没有随之修改，其中按房屋构造、用途以及总层数等资料的核定，用“总层数”的标准不能适应都市化过程中对房屋建筑总层数的选择，造成都市土地无法发挥最大的效用。

第二节 房屋税的纳税人和征税范围

一、纳税人

房屋税向房屋所有人征收。因此房屋税的纳税人为房屋所有人。

（1）房屋所有人包括已向地政机关办理所有权登记的所有权人和未办理所有权登记的实际房屋所有人。未办建筑物所有权第一次登记且所有人不明之房屋，其房屋税向使用执照所登记的起造人征收；无使用执照者，向建造执照所登记的起造人征收；无建造执照者，向现住人或管理人征收。

（2）设有典权房屋，其房屋税向典权人征收。典权人住址不明，或非居住房屋所在地的，应由管理人或现住人缴纳房屋税；如属出租房屋的，由承租人负责代缴，抵扣房租。

（3）共有房屋向共有人征收，由共有人推定一人缴纳。如果不推定一人缴纳的，由现住人或使用人代缴。

（4）房屋为信托财产者，于信托关系存续中，以受托人为房屋税的纳税义务人。受托人为二人以上者，由共有人推定一人缴纳。

二、征税范围

房屋税是对附着于土地的各种房屋，及有关增加该房屋使用价值的建筑物征收的一种税。房屋及增加房屋使用价值的建筑物的范围定义如下：

（1）房屋，指固定于土地上的建筑物，供营业、工作或住宅用。

（2）增加房屋使用价值的建筑物，指附属于应征房屋税的房屋的其他建筑物，可以增加该房屋的使用价值的，包括阳台、电梯、地下室等。

第三节　房屋税的税收优惠

依房屋税条例规定，房屋税减免范围如下：

一、公有房屋的免税

公有房屋供下列各项使用的，免征房屋税：

（1）各级政府机关和地方自治机关的办公房屋及其员工宿舍。

（2）公立学校、医院、社会教育学术研究机构及救济机构的校舍、院舍、办公房屋及其员工宿舍。

（3）邮政、电信、铁路、公路、航空、气象、港务事业供本身业务所用的房屋及其员工宿舍。

（4）监狱看守所及其办公房屋和员工宿舍。

(5) 工矿、农林、水利、渔牧事业机关的研究或试验所所用的房屋。

(6) 粮政机关的粮仓、盐务机关的盐仓、公卖事业及政府经营的自来水厂(场)所使用的厂房及办公房屋。

(7) 名胜古迹及纪念先贤先烈的祠庙。

(8) 政府机关为辅导退役官兵就业所举办事业使用的房屋。

(9) 政府配供贫民居住的房屋。

二、私有房屋的减免税

(一) 私有房屋有下列情况之一的,免征房屋税

(1) 已经立案的私立慈善救济事业,直接供办理事业所使用的房屋。

(2) 已经立案的私立学校及学术研究机构,供校舍或办公使用的房屋。

(3) 无偿供政府机关公用的房屋。

(4) 不以营利为目的,并经政府核准的公益社团自有供办公使用的房屋。

(5) 司法保护事业所有的房屋。

(6) 专供祭祀用的宗祠、宗教团体供传教布道的教堂及寺庙。

(7) 农会所有的仓库,专供粮政机关储存公粮,经主管机关证明的。

(8) 专供饲养禽畜的房舍。

(9) 住家房屋现值在5.4万台币以下的。

(10) 受重大灾害,毁损面积占整栋面积5成以上,必须修复才能使用的房屋。

(二) 私有房屋有下列情况之一的,其房屋税减半征收

(1) 合法登记的工厂,供直接生产使用的自有房屋。

(2) 农会所有的自用仓库及检验场,经主管机关证明的。

(3) 政府平价配售的平民住宅。

(4) 受重大灾害,毁损面积占整栋面积3成以上不及5成的房屋。

三、其他减免

房屋遇有焚毁、坍塌、拆除导致不可居住的,由纳税人申请当地主管稽征机关查实后,在未重建完成期内,停止征税。

第四节　房屋税的计税依据

房屋税的计税依据为房屋现值，其决定由主管稽征机关依据不动产评价委员会评定的标准核计。核计的房屋现值，主管机关应通知纳税义务人。房屋标准价格，由不动产评价委员会依据下列事项分别评定，并由直辖市、县（市）政府公告：

（1）按各种建造材料所建房屋，区分种类及等级。

（2）各类房屋之耐用年数及折旧标准。

（3）按房屋所处街道村里之商业交通情形及房屋之供求概况，并比较各该不同地段之房屋买卖价格减除地价部分，订定标准。

前项房屋标准价格，每三年重行评定一次，并应依其耐用年数予以折旧，按年递减其价格。

第五节　房屋税的税率和税额计算

一、税率

房屋税是县（市）的地方税，房屋税条例就各种不同用途的房屋现值，分别规定税率的最高限与最低限，采用差别比例税率。其实际征收税率，由各县（市）政府拟定。

税率见表 3－11。

二、税额的计算

房屋税的计税依据为“房屋现值”，其由主管稽征机关依据纳税人所申报的现值，并参照不动产评价委员会评定的标准核计决定。

税额的计算公式为：

应纳税额＝房屋现值×征收率

房屋变更使用，其变更日期在变更月份 16 日以后的，当月适用原税率；在变更月份 15 日以前的，当月适用变更后的税率。但高雄市的房屋变更使用，应在事实发生的次月起适用变更后税率。

表 3－11　房屋税税率表

项目		法定税率		征收率
		最低	最高	
住家用		1.2%	2%	
自住		1.2%	1.2%	1.2%
非住家用	营业用	3%	5%	3%
	非营业用	1.5%	2.5%	2%（金马地区 1.5%）

注：税率的特殊规定：

（1）台湾省及高雄市，除住家用房屋外，另加征 30% 教育经费。台北市仅对营业用房屋加征 33.33% 教育经费。

（2）房屋同时作住家及非住家用的，应以实际使用面积分别按应适用的税率计算课征。但非住家用的课税面积最低不得小于全部面积 1/6。房屋营业或住宅二者混合不易识别的，按营业用税率征收。

（3）房屋空置不作以上使用的，按现值依据使用执照所载用途征税；无使用执照的，分别以住家用或非住家用税率征收。台北市房屋的使用执照所载用途为停车场或防空避难室，未经该核准变更使用，而改变为其他用途的，住家用按其现值 2% 征收；非住家非营业用按其现值 2.5% 征收；非住家营业用按其现值 5% 征收。

［例 1］A 先生拥有两座自用房屋，其中一座现值为 50 000 台币，另一座为 100 000 台币。请计算 A 先生应纳的房屋税。

解：住家房屋现值在 10 万台币以下的，免征房屋税，现值为 50 000 台币的房屋免税。

A 先生应纳房屋税 = 100 000 × 1.38% = 1 380（台币）

［例 2］甲先生所有房屋一栋面积为 180 平方米，其中 15 平方米供作营业使用，其余为自用住宅使用，假设每平方米的评定标准价格为 3 000 台币，请计算甲先生每年应纳房屋税额。

解：计算如下：

（1）非住家用面积虽仅为 15 平方米，但因不得少于 180 平方米之 1/6，故以 30 平方米计，而营业用税率为 3%，故其房屋税税额计算如下：

3 000 ×（180 × 1/6）× 3% = 2 700（台币）

（2）住家用面积的房屋税税额为：3 000 × 150 × 1.2% = 5 400（台币）

(3) 甲先生每年应缴纳的房屋税：2 700 +5 400 =8 100（台币）

第六节　房屋税的征收管理

一、税款的征收与缴纳

房屋税每年征收一次，其开征日期由省（市）政府决定，征收期间定为1个月。目前开征日期均为每年5月1日。

新建、增建或改建房屋，于当期建造完成的，均须按月比例计税，不满1个月的不计。

房屋的典卖、移转，承受人应查明前业主应缴未缴全部房屋税税额，在典价或买价内扣除，并在扣除后7日内申报主管稽征机关发单缴纳。

纳税人逾主管稽征机关所定的征收期限缴纳税款的，每逾3日，加征所欠税额1%滞纳金，逾30日经催缴后，仍未缴纳的，由主管稽征机关移送法院强制执行。

二、主要罚则

(1) 纳税人未在期限内申报房屋现值及使用情形而发生漏税的，除责令补缴应纳税额外，并按所漏税额处2倍以下罚金。

(2) 房屋典卖、移转，其承受人不按规定扣缴税款的，应补缴税款；逾期不补缴的，除责令补缴外，并处以税额10%以下罚金。

(3) 房屋典卖、移转，其承受人按规定扣缴后，逾期不报缴的，除责令补缴外，并处以税额1倍以下罚金。

第九章　遗产税和赠与税

(*Estate and Gift Tax*)

遗产税和赠与税是对台湾财产的继承及赠与征收的一种税。其中，遗产税是财产所有人死亡时，就其所有遗产征收的一种税，而赠与税作为对遗产税的一种辅助税种，是对财产所有人因赠与而移转财产予他人时所征收的一种税。开征遗产税和赠与税，可以节制私人资本，达到平均社会财富的目标。

通过本章读者可以了解：遗产税和赠与税的概念，开征遗产税和赠与税的原因及作用，遗产税和赠与税的纳税人、征税范围、减免规定、税率与税额计算、税款的征收与缴纳等。

第一节　遗产税和赠与税概述

一、遗产税和赠与税的概念

（1）遗产税是财产所有人死亡时，就其所有遗产征收的一种税。

（2）赠与税是遗产税的辅助税种，是指财产所有人因赠与而移转其财产予他人时所征收的一种税。所谓赠与，指财产所有人将自己的财产无偿赠给他人，经他人允受而产生效力的行为。

台湾采用总遗产税制和总赠与税制。所谓总遗产税制，即不论继承人人数的多寡，及其与死亡人的亲疏关系，就被继承人所留遗产总额按累进税率课征；所谓总赠与税制，即以赠与人为纳税人，并以赠与人在一年中所为赠与的和按累进税率计算，以使生前赠与与死后遗产两者税负尽量相等，而不论受赠人的人数及各人受赠的数量。

二、开征遗产税和赠与税的原因及作用

（一）开征遗产税和赠与税的原因

所得税和遗产税是税制中用来平均社会财富的两种重要税目。所得税主要对个人生时所赚的所得，以累进税率方式来达到平均财富的目标。但因为有许多所得由于政策或税务行政上需要而免征所得税，有些所得则逃漏所得税。另外，即使所得未获免征也未逃漏所得税的，其税后所得经多年累积，仍然是巨额财富，若任其交留子孙，也将成为财富分配不均的重要原因。因此对个人死亡时所遗留财产，以累进课税方式征收遗产税。

由于财富可以用生前赠与的方式规避死后的遗产税，因此赠与税的征收，作为遗产税的辅助税种，可以防止上述情况的发生。

（二）遗产税和赠与税的作用

（1）产业革命后，私人资本集中程度日益加大，不可避免地会妨害社会经济活动。开征遗产税和赠与税，可节制私人资本，缓和世袭财产累积的程度。

（2）富有者将其财富遗留给子孙，代代相传，将使富者愈富。遗产税的课征，具有平均社会财富的作用。

（3）遗产税和赠与税就遗产或赠与的财产课征，遗产或赠与的财产多者多负担，少者少负担，符合量能课税原则。

（4）以遗产税和赠与税的收入用于社会建设、开发资源、公共投资，可使低所得者减少支出，有利于创造就业、促进生产、重新分配社会财富。

第二节　遗产税和赠与税的纳税人

一、遗产税的纳税人

（1）有遗嘱执行人的，纳税人为遗嘱执行人。

（2）无遗嘱执行人的，纳税人为继承人及受遗赠人。

（3）无遗嘱执行人及继承人的，纳税人为依法选定的遗产管理人。

二、赠与税的纳税人

（1）赠与税的纳税人为赠与人。

（2）赠与人行踪不明或逾税法规定缴纳期限尚未缴纳，且在台湾境内无财产可供执行的，以受赠人为纳税人。

（3）受赠人有2人以上，应按受赠财产的价值比例，依税法规定计算各自应负担的税额。各受赠人应在各该次所赠财产范围内缴纳税款及利息。

第三节　遗产税和赠与税的征税范围

一、遗产税的征税范围

遗产税的征税对象为“遗产”，即自然人死亡所遗留的财产。具体范围如下：

（一）遗产

（1）经常居住台湾境内的台湾人死亡时遗有财产的，就其在台湾境内、境外全部遗产，征收遗产税。

（2）经常居住台湾境外的台湾人及非台湾人，死亡时在台湾境内遗有财产的，应就其在台湾境内的遗产，征收遗产税。

（3）死亡事实发生前2年内，被继承人自愿放弃台湾籍的，仍应按遗产及赠与税法关于台湾人的规定，征收遗产税。

（二）拟制遗产

被继承人死亡前3年内赠与与下列个人的财产，包括免税额在内，应于被继承人死亡时，视同被继承人的遗产，并入遗产总额：

（1）被继承人的配偶。

（2）被继承人按规定的顺序继承人。

（3）前项各顺序继承人的配偶。

（三）生前财产已立约售与他人的遗产

生前财产虽已立约售与他人，在尚未办妥移转登记前仍属被继承人所有，应列入遗产，但在申报遗产税时可同时以负债扣除。

二、赠与税的征税范围

赠与税的征税对象为“赠与行为”，具体范围如下：

（一）赠与征税对象

（1）经常居住台湾境内的台湾人，就其在台湾境内、境外的财产为赠与的，应依法征收赠与税。

（2）经常居住台湾境外的台湾人及非台湾人，就其在台湾境内的财产为赠与的，应依法征收赠与税。

（3）赠与行为发生前2年内，赠与人自愿放弃台湾籍的，仍应按遗产及赠与税法关于台湾人的规定，征收赠与税。

（二）拟制赠与

财产的移转具有下列各项情形之一的，以赠与论，按遗产及赠与税法规定，征收赠与税：

（1）在请求权时效内无偿免除或承担债务的，其免除或承担的债务。

（2）以明显的不相当的代价，出资为他人购置财产的，其出资与代价的差额部分。

（3）以明显的不相当的代价，让与财产、免除或承担债务的，其差额部分。

（4）以自己的资金无偿为他人购置财产的，为其资金。若该财产为不动产的，为其不动产。

（5）限制行为能力的人或无行为能力的人所购置的财产，被视为法定代理人或监护人的赠与。

（6）二亲等以内亲属间财产的买卖。但能提出支付价款的确实证明，而且已支付的价款不是由出卖人贷与或提供担保向他人借得的，不在此范围内。

三、财产所在地的认定标准

遗产税和赠与税以台湾财产的继承及赠与为征税对象，因此财产所在地的认定非常重要。

（1）动产、不动产及附着于不动产的权利，以动产或不动产的所在地为准。

（2）船舶、车辆及航空器以其船籍、车辆或航空器登记机关的所在地为准。

（3）矿业权，以其矿区或矿场的所在地为准。

（4）渔业权，以其行政管辖权的所在地为准。

（5）专利权、商标权、著作权及出版权，以其登记机关的所在地为准。

（6）其他营业上的权利，以其营业所在地为准。

（7）金融机关收受的存款及寄托物，以金融机关的事务所或营业所所在地为准。

（8）公债、公司债、股权或出资，以发行机关或被投资事业的主事务所所在地为准。

（9）债权，以债务人经常居住的所在地或事务所或营业所所在地为准。

（10）有关信托的权益，以其承受信托事业的事务所或营业所所在地为准。

第四节　遗产税和赠与税的税收优惠

一、遗产税的减免范围

依税法规定，下列各项财产不计入遗产总额：

（1）遗赠人、受遗赠人或继承人捐赠各级政府及公立教育、文化、公益、慈善机构的财产。

（2）遗赠人、受遗赠人或继承人捐赠公有事业机构或全部公股的公营事业的财产。

（3）遗赠人、受遗赠人或继承人捐赠于被继承人死亡时，已依法登记设立为财团法人组织且符合规定标准的教育、文化、公益、慈善、宗教团体及祭祀公业的财产。

（4）遗产中有关文化、历史、美术的图书物品，经继承人向主管稽征机关声明登记者。

（5）被继承人自己创作的著作权、发明专利权和艺术品。

（6）被继承人职业上的工具，其总价值在 45 万元台币（基准金额）以下部分。

（7）被继承人日常生活必需的器具及用具，其总价值在 80 万台币（基准金额）以下部分。

（8）依法禁止或限制采伐的森林。但解禁后仍须自动申报补税。

（9）约定在被继承人死亡时，给付其所指定受益人的人寿保险金额、公教人员或劳工的保险金额及互助金。

（10）被继承人配偶及子女的原有财产或特有财产，经办理登记或确有证明的。

（11）被继承人死亡前5年内，继承的已纳遗产税者。

（12）被继承人遗产中经政府辟为公众通行道路的土地或其他无偿供公众通行的道路土地，经主管机关证明的。但其属建造房屋应保留的法定空地部分，仍应计入遗产总额。

（13）被继承人的债权及其他请求权不能收取或行使确有证明的。

二、赠与税的减免范围

依税法规定，下列各项赠与财产，不计入赠与总额：

（1）捐赠各级政府及公立教育、文化、公益、慈善机构的财产。

（2）捐赠公有事业机构或全部公股的公营事业的财产。

（3）捐赠依法登记为财团法人组织且符合规定标准的教育、文化、公益、慈善、宗教机关及祭祀公业的财产。

（4）扶养义务人为受扶养人支付的生活费、教育费及医药费。

（5）赠与民法所定继承人的农业用地。但该土地如继续供农业使用不满5年者，应追缴应纳税款。

（6）父母在子女婚嫁时所赠与的财物，总金额不超过100万台币。

（7）配偶相互赠与的财产。

第五节　遗产税和赠与税的税率和税额计算

一、遗产税的税率

遗产税的税率见表3－12。

表 3－12　遗产税的税率

级别	遗产净额（台币）	税率（%）	累进差额
1	600 000 以下	2%	——
2	600 000～1 500 000	4%	12 000
3	1 500 000～3 000 000	7%	57 000
4	3 000 000～4 500 000	11%	177 000
5	4 500 000～6 000 000	15%	357 000
6	6 000 000～10 000 000	20%	657 000
7	10 000 000～15 000 000	26%	1 257 000
8	15 000 000～40 000 000	33%	2 307 000
9	40 000 000～100 000 000	41%	5 507 000
10	100 000 000 以上	50%	6 407 000

二、遗产税税额的计算

（一）税额计算公式

遗产税按被继承人死亡时，依遗产及赠与税法规定的遗产总额，减除规定的各项扣除额及免税额后的课税遗产净额，按规定税率征收。

被继承人死亡前 3 年内赠与的财产，按遗产及赠与税法的规定并入遗产课征遗产税的，可将已纳的赠与税连同按当地通行的一年期定期存款利率计算的利息，从应纳遗产税额内扣抵。但扣抵额不得超过赠与财产并计遗产总额后增加的应纳税额。同时，依遗产及赠与税法规定，还可以减除境外税额扣抵金额。

计算公式为：

应纳税额＝课税遗产净额×级距税率－累进差额－拟制遗产已纳的赠与税及其应付利息－国外税额扣抵

境外税额扣抵＝［（全部课税遗产净额×级距税率－累进差额）－（境内课税遗产净额×级距税率－累进差额）］

与已纳所在国遗产税额二者孰低。

（二）课税遗产净额的确定

课税遗产净额是指被继承人死亡时，依遗产及赠与税法规定的遗产总额，减除规定的各项扣除额及免税额后的余额。其计算公式为：

课税遗产净额＝遗产总额－免税额－扣除额

1. 遗产总额

（1）遗产总额包括被继承人死亡时遗留的依遗产及赠与税法规定的全部财产，及依规定计算的价值，也包括规定拟制遗产。

（2）被继承人死亡前，因重病无法处理事务期间举债或出售财产或提领存款而其继承人对该项借款或价金或存款不能证明其用途的，该项借款或价金或存款应列入遗产征税。

2. 免税额

（1）被继承人如为经常居住台湾境内的台湾人，免税额为779万台币（基准金额）；其为军警公教人员因执行职务死亡的，加倍计算。

（2）被继承人如为经常居住台湾境外的台湾人或非台湾人，其减除免税额规定同上。

3. 扣除额

（1）被继承人遗有配偶的，可扣除额为445万台币（基准金额）。

（2）被继承人遗有直系血亲亲属的，每人得自遗产总额中扣除45万台币（基准金额）。其有未满20岁的，并可以按其年龄距届满20岁的年数，每年加扣45万台币（基准金额）。但亲等近者抛弃继承由次亲等亲属继承的，扣除的数额以抛弃继承前原得扣除的数额为限额。

（3）被继承人遗有父世的，每人可从遗产总额中扣除111万台币（基准金额）。

（4）以上三项的人如果是残障福利法规定的残障者或精神卫生法规定的病人，每人可再加残障特别扣除额557万台币（基准金额）。

（5）被继承人遗有受其扶养的兄弟姐妹、祖父母者，每人可从遗产总款中扣除45万台币（基准金额）；其兄弟姐妹中有未满20周岁的，并得按其年龄距届满20周岁的年数，每年加扣45万台币（基准金额）。

（6）遗产中农业用地及其地上农作物，由继承人或受遗赠人，继续经营农业生产者，扣除其土地及地上农作物价值的全数。但该土地如继续供农业使用不满5年的，应追缴其应纳税赋。

（7）被继承人死亡前6～9年内，继承的财产已纳遗产税者，按年递减扣除80%、60%、40%、20%。

（8）被继承人死亡前，未偿的债务，具有确实证明的。

(9) 被继承人死亡前，依法应纳的各项税捐和罚金。

(10) 被继承人的丧葬费用，以111万台币（基准金额）计算。

(11) 执行遗嘱及管理遗产的直接必要费用。

[例] A先生留有遗产50 000 000台币，其中捐赠公益机构10 000 000台币。A先生有子女共2个（已满20周岁），请计算A先生的继承人应纳遗产税。

解：课税遗产净额 = 50 000 000 − 10 000 000 − 1 110 000 − 7 790 000 − 450 000 × 2 = 30 200 000（台币）

应纳遗产税 = 30 200 000 × 41% − 2 568 300
= 9 813 700（台币）

三、赠与税的税率

赠与税的税率见表3－13。

表3－13　赠与税的税率

级别	赠与税净额	税率（%）	累进差额
1	670 000以下	4%	—
2	670 000 ~ 1 890 000	6%	13 400
3	1 890 000 ~ 3 120 000	9%	70 100
4	3 120 000 ~ 4 340 000	12%	163 700
5	4 340 000 ~ 5 570 000	16%	337 300
6	5 570 000 ~ 8 020 000	21%	615 800
7	8 020 000 ~ 15 580 000	27%	1 097 000
8	15 580 000 ~ 32 280 000	34%	2 187 600
9	32 280 000 ~ 50 090 000	42%	4 770 000
10	50 090 000以上	50%	8 777 200

注：物价指数连动的调整为，遗产税及赠与税的课税级距金额，每遇消费者物价指数比上次调整的指数累计上涨达10%以上时，自次年起按上涨程度调整。调整金额以万台币为单元，未达万台币者按千台币数四舍五入。

四、赠与税税额的计算

（一）税额计算公式

赠与税按赠与人每年赠与总额，减除遗产及赠与税法规定的扣除额及免税额后的课税赠与净额，按规定税率计算征收。

一年内有两次以上的赠与的，应合并计算其赠与额，依上项规定计算税额，减除已缴的赠与税后，为当次的赠与税额；同时，按规定还可以减除境外税额扣抵金额。

以受赠人为纳税人时，其应纳税额应按赠与人为纳税人时的规定计算。其计算公式为：

应纳税额＝全年课税赠与净额 × 级距税率－累进差额－当年已缴纳赠与税－当年境外税额扣抵

当年境外税额扣抵＝［（全年全部课税赠与净额×级距税率－累进差额）－（境内全年课税赠与净额×级距税率－累进差额）］

与全年已纳所在地国赠与税额二者孰低。

（二）每年课税赠与净额的确定

每年课税赠与净额是赠与人每年赠与总额，减除遗产及赠与税法规定的扣除额及免税额后的余额，它是赠与税的计税依据，计算公式如下：

每年课税赠与净额＝每年赠与总额－每年免税额－当年各次赠与的扣除额合计数

1. 赠与总额

指赠与人一年内各次赠与金额的合计。同一赠与人在同一年内有两次以上的赠与的，在后一次赠与税申报时，将同一年内各次的赠与金额合并申报。

2. 免税额

赠与税的纳税人，每年可从赠与总额中减除免税额 111 万台币（基准金额）。

3. 扣除额

（1）赠与附有负担的，由受赠人负担部分从赠与额中扣除，但不得超过该负担赠与财产的价值。

（2）不动产赠与移转所缴纳的契税或土地增值税，可从赠与总额中扣除。

(3) 计算全年课税赠与净额时，应将同年内各次赠与的扣除额合计。

[例] A先生在一年中发生赠与行为全额为10 000 000台币，其中赠与的不动产应缴纳土地增值税200 000台币，契税10 000台币，请计算受赠人应纳赠与税。

解：应纳赠与税额 = (10 000 000 − 200 000 − 10 000) × 27% − 1 097 000

= 9 790 000 × 27% − 1 097 000

= 1 546 300（台币）

第六节　遗产税和赠与税的征收管理

一、税款的缴纳

(1) 遗产税和赠与税纳税人，应在稽征机关送达核定纳税通知书之日起2个月内，缴清应纳税款。

(2) 遗产税或赠与税应纳税额在30万台币以上，纳税人确有困难，不能一次缴纳现金时，在前项规定缴纳期限内，向该主管稽征机关申请核准，分12期缴纳，每期间隔不得超过2个月。

(3) 遗产或赠与税应纳税额在30万台币以上，纳税人在纳税期限内，准予以课征标的物的遗产或受赠财产（包括其中的公共设施保留地），或其他易于变价或保管的实物一次抵缴。如有部分实物不合抵缴的规定的，应补缴现金。

(4) 纳税人对于核定的遗产税或赠与税应纳税额，逾规定期限缴纳的，每逾2日加征应纳税额1%滞纳金；逾期30日仍未缴纳的，主管稽征机关应即移送法院强制执行；执行法院应于稽征机关移送7日内开始办理。

(5) 前项应纳税款及滞纳金，应自滞纳期限届满的次日起，至纳税义务人缴纳之日止，依邮政储金汇业局的一年期定期存款利率，按日加计利息，一并征收。

二、主要罚则

(1) 纳税人违反规定，未按期办理遗产税或赠与税申报的，按核定应纳税额加处1~2倍的罚金；其无应纳税额的，处以900台币的罚金。

(2) 纳税人已依规定申报但有漏报或短报情况的，应按所漏税额处以

1 ~ 2 倍的罚金。

（3）纳税人有故意以诈欺或其他不正当方法，逃漏遗产税或赠与税的，除依继承或赠与发生年度税率重行核计补征外，并应处以所漏税额1 ~ 3倍的罚金。

第十章　印花税（Stamp Duty）

第一节　印花税概述

印花税是对足资证明财产权利的创设、移转、变更及消灭等经济行为的凭证征收的一种税，也被称为“凭证税”。

印花税具有财产税、消费税和利润税的性质，因此不是一种独立的税，而是一种课税的方法，适用于消费税或财产税，更适用于流通税。

第二节　印花税的纳税人和征税范围

一、纳税人

印花税的纳税人是指书立在台湾境内有法律效力的应税凭证的人，具体如下：

（1）银钱收据的纳税人为立据人。

（2）买卖动产契据的纳税人为立约人或立据人。

（3）承揽契据的纳税人为立约人或立据人。

（4）典卖、让受及分割不动产契据的纳税人为立约人或立据人。

除银钱收据的立据人外，其余 3 种契据的立约人或立据人均有两方以上的当事人，通常各方各执一份，所以执有契据的当事人，均为纳税人。

二、征税范围

印花税法规定的各种凭证，在台湾领域内书立的，均应依法缴纳印花税。印花税征税对象为在台湾境内书立的各种“凭证”。印花税法规定的凭证种类如下：

（1）银钱收据：指收到银钱所立的单据、簿、折，包括收受或代收银钱收据、收款回执、解款条、取租簿、取租折及付款簿等，但兼具营业发票性质的银钱收据及兼具银钱收据性质的营业发票，不包括在内。

（2）买卖动产契据：指买卖动产所立的契据。

（3）承揽契据：指一方为他方完成一定工作的契据，包括承包各种工程契约、承印印刷品及代理加工契据等。

（4）典卖、让受及分割不动产契据：指设定典权及买卖、交换、分割不动产所立向主管机关申请物权登记的契据。

下列凭证不属于银钱收据，买卖动产契据，承揽契据，典卖、让受及分割不动产契据四种凭证，均非印花税课税范围，不必贴用印花税票。

（1）有价证券，如股票、公债等。

（2）权利书状及证照，如土地所有权状、建筑物所有权状、结婚证书、身份证、行车执照、驾驶执照、建造执照、使用执照、毕业证书等。

（3）租赁契约。但如果在契约上注记收取款项签收时，因具有代替收据性质，应依银钱收据4‰计贴印花税票。

［例］甲向乙承租房屋一栋，租金每月10 000台币，于月初付款，并于签订租赁合约时，付保证金50 000台币。

（1）租赁契约本身非印花税课征范围，免贴印花税票。

（2）签约时缴交保证金50 000台币，如未另立收据，则该租赁契约即属兼具代替银钱收据性质，应依银钱收据4‰计贴印花税票200台币。

（3）乙每月收取租金10 000台币，如未另立收据，仅于租赁契约上逐月签章注明收讫者，则该租赁契约即具备代替银钱收据性质，应于每月收款时，依银钱收据4‰计贴印花税票40台币。

（4）不动产买卖，双方当事人所另行订定书面买卖契约（即所谓私契），如未以该契据向稽征机关办理土地增值税或契税申报，不属印花税课税范围，免贴印花税票。

第三节　印花税的税收优惠

下列各种凭证免征印花税：

（1）各级政府机关及乡（镇、市、区）公所所立或使用的一般应负纳税义务的各种凭证。

（2）公私学校处理公款所发的凭证。

（3）公私营利事业组织内部，所用不产生对外权利义务的单据；包括总组织与公组织间互用而不产生对外作用的单据。

（4）催索欠款或核对数目所用的账单。

（5）各种凭证的正本已贴印花税票的，其与正本完全相同，不作为正本使用的副本或抄本。

（6）车票、船票、飞机票及其他往来客票或行李票。

（7）农民（农、林、渔、牧）出售本身生产的农产品所出具的收据。

（8）薪酬、工资收据。

（9）领受赈金、恤金、养老金收据。

（10）义务代收税税捐或其他捐献政府款项的，在代收时所开具的收据。

（11）义务代发政府款项的，在向政府领款时所开具的收据。

（12）领受退还税款的收据。

（13）销售印花税票收票收款收据。

（14）财团或社团法人组织的教育、文化、公益或慈善团体领受捐赠的收据。

（15）农田水利会收取会员水利费收据。

（16）建造或检修航行于国际航线船舶所订的契约。

第四节　印花税的税率与税额计算

一、税率

印花税的税率采用比例税率与定额税率，除买卖动产契据以凭证的数量为计税依据，适用定额税率外，其他各类契据均以凭证所载的价额或收取金额为计税依据，适用比例税率。税率见表3－14。

表3－14　印花税的税率

凭证种类	税率
银钱收据	40‰
承揽契据	10‰
典卖、让受及分割不动产契据	10‰
招标人收受押标金收据	10‰
买 卖 动 产 契 据	12台币

二、税额的计算

（一）一般规定

1. 印花税的税额根据契据类型的不同有两种计算方式

其计算公式为：

（1）比例税率

应纳税额 = 契据金额或价额 × 税率

（2）定额税率

应纳税额 = 件数 × 4 台币

每件印花税税额尾数不足一台币的部分，均免贴用。汇总缴纳的税额或尾数不足一台币的部分，免予缴纳。

印花税的计征标准为凭证所载之金额，即契据所载的价额或收取金额；或凭证的数量，即“件”。

2. 各种凭证的计征标准

（1）银钱收据的计征标准为金额，即收取金额。

（2）买卖动产契据的计征标准为件。

（3）承揽契据的计征标准为金额，即承揽价额。如必须等工作完成后才能计算出确实金额的，应在书立后交付，或使用时再按确实金额补足其应贴印花税票或退还其溢贴印花税票之金额。

（4）典卖、让受及分割不动产契据的计征标准为金额，即买卖或移转价额。

（二）其他规定

（1）同一凭证而具有两种以上性质，税率相同者，仅按一种贴用印花税票；税率不同者，应按较高之税率计算税额。应使用高税额之凭证而以低税额之凭证代替者，须按高税额之凭证贴用印花税票。凡以非纳税凭证代替应纳税凭证使用者，仍应按其性质所属类目贴用印花税票。

［例］××公司与××电梯公司签订电梯之采购与安装工程，并载于同一契约书中作概括之承揽。

（1）该契约书即为具有买卖动产契据及承揽契据两种性质之同一凭证，应按合约总额1‰贴用印花税票。

（2）同一凭证须备具两份以上，由双方或各方关系人各执一份者，应于每份分别贴用印花税票；同一凭证之副本或抄本视同正本使用者，仍应贴用印花税票。

（3）同一行为产生两种以上凭证，除本法另有规定外，应各按其性质所属类目，分别贴用印花税票。

（4）应贴印花税票之凭证，如未载明金额，应按凭证所载品名及数量，依使用时之当地时价计贴。所谓时价，除土地应以公告现值或评定标准价格，房屋应以评定标准价格为准外，其他物品以当时当地之市场价格为准。应贴印花税票的凭证，如所载金额为外国货币，于交付或使用时，应按政府规定或认可的兑换率，折算为本国货币计贴。

（5）经关系人约定将已失时效的凭证继续使用者，应另贴印花税票。

（6）已贴印花税票之凭证，因事实变更而修改原凭证继续使用，其变更部分，如需加贴印花税票时，仍应补足之。

［例］××公司与××电梯公司签订电梯采购安装合同计 5 000 000 台币，如电梯价格 4 000 000 台币，安装费 1 000 000 台币，订于同一契约书中，则属概括承揽，5 000 000 台币全数都以承揽契约按 1‰计算，两公司各自持有的合约应分别贴用印花税票 5 000 台币。如果两公司分别订立 4 000 000 台币的电梯买卖契约以及 1 000 000 台币的安装契约，则两公司可按各自所持合约的印花税分别贴用 12 元（买卖动产契据）及 1 000 台币（承揽契据），合计 1 012 台币。

第五节　印花税的征收管理

一、税款的缴纳

应纳印花税的凭证，于书立后交付或使用时，贴足印花税票。应税凭证如税额巨大不便贴用印花税票的，应申请由稽征机关开给缴款书缴纳。

1. 汇总缴纳

公私营业或事业组织，开出应纳印花税的凭证，应向稽征机关申请核准后，按期或一次汇总缴纳印花税。

公私营业或事业组织，各项支出所收受外来应贴用印花税票的凭证，应申请核准后，在付款时扣取印花税款，汇总代为缴纳。

2. 缴纳方式

娱乐票券及其他经核准总缴印花税的凭证，均应于次期15日前，自行核算应纳或代扣印花税款，填具缴纳书向公库缴纳；并应于同一期限内，填具印花税总缴申报表，向稽征机关申报。

临时举办的有价娱乐活动所出售的票券，由稽征机关每5日核算税额一次，并限于缴款书送达后10日内缴纳。

3. 滞纳的处理

逾期缴纳总缴的印花税款的，应按规定加征滞纳金。逾30日仍未缴纳的，由稽征机关移送法院强制执行。

二、主要罚则

（1）应税凭证不贴印花税票或贴用不足税额的，除补贴印花税票外，按漏贴税额处5～15倍罚金。

（2）不依规定注销印花税票，处5～15倍罚金。

（3）印花税票使用后揭下重用，处20～30倍罚金。

第十一章 使用牌照税
(License-using Tax)

使用牌照税是对台湾境内的单位和个人拥有或使用的交通工具征收的一种税，它类似于大陆实行的车船使用税。两者都是为加强对交通工具的管理，促进交通运输业的发展而设。

通过本章读者可以了解：使用牌照税的概念、纳税人、征税范围、税率和税额计算、税款的征收管理等。

第一节 使用牌照税概述

使用牌照税是对使用在公共水陆道路供公用、私用或军用的交通工具征收的一种税。

征收使用牌照税，不仅可以增加税收收入，满足地方财政需要，而且有助于配合有关部门加强对交通工具的管理，改善市政建设，维护水陆公共道路，促进交通运输业的发展。

第二节 使用牌照税的纳税人和征税对象

一、纳税人

使用牌照税的纳税人为交通工具所有人或使用人。

二、征税对象

使用牌照税的征税对象是使用在公共水陆道路供公用、私用或军用的交通工具，具体包括：

（1）公共水陆道路：指公共使用水陆交通路线。

（2）交通工具：指机动车辆和船舶。

第三节　使用牌照税的税收优惠

依税法规定，免征使用牌照税的交通工具主要有：

（1）在设有海关地方行驶，已经海关征收轮船服务费的轮船。

（2）专供公共安全使用而有固定特殊设备及特殊标志的交通工具：如警备车、侦察勘验用车、追捕提解人犯车、消防车、工程救险车、海难救险船等。

（3）卫生机关及公共团体设立的医院，专供卫生使用而有固定特殊设备及特殊标志的交通工具，如救护车、诊疗车、洒水车、水肥车、垃圾车等。

（4）专供教育文化的宣传巡回使用并有固定特殊设备及特殊标志的交通工具。

（5）专供运送电信邮件使用，有固定特殊设备及特殊标志的交通工具。

（6）专供持有身心残障福利手册，并领有驾驶执照者使用的交通工具。

（7）专供农作或渔作使用的人力或兽力的交通工具。

（8）经交通管理机关核准的公路汽车客运业及市区汽车客运业，专供大众运输使用的公共汽车。

（9）属于军队装备编制的交通工具。

第四节　使用牌照税的税额

一、机动车辆

（1）机动车辆按种类，根据汽缸总排气量划分等级，征收差别的定额税。其种类分为小客车、大客车、货车及机器脚踏车 4 种，其税额见表 3－15、表 3－16、表 3－17。

表 3 - 15　小客车（每车乘人座位 9 人以下）使用牌照税税额表　　单位：台币

汽缸总排气量（立方厘米）＼车辆种类和税额	自用	营业
500 以下	1 020	800
501 ~ 600	2 160	1 260
601 ~ 1 200	4 430	2 160
1 201 ~ 1 800	7 120	3 060
1 801 ~ 2 400	11 230	6 840
2 401 ~ 3 000	15 210	9 900
3 001 ~ 4 200	28 220	16 380
4 201 ~ 5 400	46 170	24 300
5 401 ~ 6 600	60 000	33 660
6 601 ~ 7 800	117 000	44 480
7 801 以上	151 200	56 700

表 3 - 16　大客车及货车使用牌照税税额表　　单位：台币

汽缸总排气量（立方厘米）＼车辆种类及税额	大客车	货车
500 以下	—	900
501 ~ 600	1 080	1 080
601 ~ 1 200	1 800	1 800
1 201 ~ 1 800	2 700	2 700
1 801 ~ 2 400	3 600	3 600
2 401 ~ 3 000	4 500	4 500
3 001 ~ 3 600	5 400	5 400
3 601 ~ 4 200	6 300	6 300
4 201 ~ 4 800	7 200	7 200
4 801 ~ 5 400	8 100	8 100
5 401 ~ 6 000	9 000	9 000

（续上表）

汽缸总排气量（立方厘米）\ 车辆种类及税额	大客车	货车
6 001 ~6 600	9 900	9 900
6 601 ~7 200	10 800	10 800
7 201 ~7 800	11 700	11 700
7 801 ~8 400	12 600	12 600
8 401 ~9 000	13 500	13 500
9 001 ~9 600	14 400	14 400
9 601 ~10 200	15 300	15 300
10 201 以上	16 200	16 200

表 3－17　机器脚踏车使用牌照税税额表　　单位：台币

汽缸总排气量（立方厘米）\ 车辆种类及税额	机器脚踏车
150 以下	0
151 ~250	1 650
251 ~500	5 400
501 ~600	10 080
600 以上	23 040

（2）领用临时牌照车辆按日计算应纳税额，其标准如下：

①乘人小汽车营业的，每日 27 台币；

②乘人小汽车自用的，每日 32 台币；

③乘人大汽车每日 23 台币；

④载货汽车每日 22 台币；

⑤机器脚踏车每日 3 台币。

（3）领用试车牌照车辆按日计算应纳税额，其标准如下：

①汽车每日 207 台币；

②机器脚踏车每日 15 台币。

二、其他交通工具

其他交通工具也采用定额税，但台湾目前尚未对其他交通工具征收使用牌照税。

第五节　使用牌照税的征收管理

使用牌照税是直辖市及县（市）税，在县（市）系由各县（市）税捐稽征处负责征收，在直辖市由市税捐稽征处负责征收或委托当地交通管理机关代征。目前除台北市外，台湾省及高雄市均由委托交通管理机关代征。

使用牌照税一般于每年 4 月 1 日起一个月内征收，征收方式有两种：

（1）汽车每年征收一次，但营业用车辆分两期征收，分别于每年 4 月 1 日和 10 月 1 日起一个月内两次平均征收。

（2）机器踏车和其他交通工具每年征收一次。

交通工具所有人或使用人逾规定征税期间缴税的，每逾 2 日加征 2% 的滞纳金。如果纳税人逾期未完税或报停缴销牌照后，在滞纳期满后一个月使用该交通工具被查获的，除应补税换牌外，处应纳税额 1 倍的罚金。如果有转卖、移用交通工具使用牌照行为的，处以查获时应纳税额 4 倍的罚金。

第十二章　其他税种

一、契税

（一）概念

契税是不动产在发生买卖、承典、交换、赠与、分割或占有等行为时，按照订立的契约向承受人或取得所有权人征收的一种税。

（二）纳税人和税率

根据契税条例规定，契税的纳税人和税率如下：

（1）买卖契税：纳税人为买受人，税率为6%。

（2）典权契税：纳税人为典权人，税率为5%。

（3）交换契税：纳税人为双方交换人，税率为2.5%。

（4）赠与契税：纳税人为受赠人，税率为7.5%。

（5）分割契税：纳税人为分割人，税率为2.5%。

（6）占有契税：纳税人为占有人，税率为7.5%。

台湾省及高雄市另加征30%的教育经费。

（三）税收优惠

1. 免征规定

根据契税条例规定，有下列情形之一的，免征契税：

（1）各级政府机关、地方自治机关、公立学校因公使用而取得的不动产。但供营业用的，不在免税范围内。

（2）政府因公务需要，以公有不动产交换，或因土地重划而交换不动产取得所有权的。

（3）政府经营的邮政、电信事业，因业务使用而取得的不动产。

（4）开征土地增值税区域的土地，免征契税。

（5）家庭农场因扩大经营规模或共同经营，在同一农产专业区内交换农业用地，经直辖市或县（市）农业主管机关证明的。

（6）因继承而取得不动产所有权的。

（7）先典后卖的，可以原纳典权契税额，抵缴买卖契税，但典权人与买主必须同为一人。

2. 减征规定

家庭农场为扩大经营面积，购买农业用地的总面积在3公顷以下的，其契税减半征收。但取得后继续经营不满5年的，补征其已减征的契税款。

（四）税额计算

契税税额是通过比较纳税人申报的契价和主管稽征机关评定的价格，选择高的一方，按照规定的税率计算。计算的公式为：

应纳税额＝申报契价（或评定的价格）×税率

上式中的契价是纳税人有不动产买卖、设典时的契约价额，或交换、赠与、分割、申报占有时的估计价额。纳税人申报契价，未达到申报当地不动产评委会评定的标准价格时，必须按评定标准价格计算契税。

［例］A先生买入一栋房屋，A先生按规定购用公定契纸，申报契税价为10 000 000台币，主管稽征机关评定该房屋价款为15 000 000台币，请计算A先生应纳契税。

解：A先生应纳契税＝15 000 000 ×6% ＝900 000台币

（五）征收管理

纳税人应在不动产买卖、承典、交换、赠与、分割契约成立之日起或因占有而依法申请为所有人之日起30日内，填具契税申报书表，检同产权契约书凭证，向当地主管稽征机关申报契税。

主管稽征机关对纳税人所检送表件，如认为不完备或有疑问时，应在收件后7日内通知纳税人补正或说明。

主管稽征机关收到纳税人契税申报案件，应在15日内审查完，查定应纳税额，发单通知纳税人限期缴纳。

纳税人不依规定期限申报的，每逾3日，加征应纳税额1%怠报金，但不得超过应纳税额。

纳税人有匿报或短报行为的，除应补缴应纳税额外，并加处应纳税额1倍以上3倍以下的罚金。

不按规定领用公定契纸的，责令其补领，并处以150元的罚金。

二、证券交易税

（一）概念

证券交易税是对买卖有价证券，除各级政府发行的债券外所征收的一种税。凡买卖有价证券，无论其有无所得，均按证券交易税条例的规定缴纳证券交易税。

（二）纳税人与代征人

（1）证券交易税的纳税人为出卖有价证券的人。

（2）证券交易税虽向出卖有价证券人征收，但由代征人在每次买卖交割之日当日代征。代征人因买卖方式的不同而有下面几类：

①有价证券经由主管机关核准承募、代募、承销、代销有价证券业务的承销买卖的，以承销人为代征人；

②有价证券经由主管机关核准在证券交易场所内从事代客买卖的经纪人代为买卖的，以经纪人为代征人；

③经纪人如经核准在证券交易场所内自行买卖的，代征人为其他经纪人；

④有价证券由持有人直接出让与受让人的，以受让人为代征人。

（三）税收优惠

按证券交易税条例的规定，下列情况免征证券交易税：

（1）买卖各级政府发行的债券。

（2）公司因创立或增资发行新股票或经主管官署核准募集公司债，不属于交易的行为，免征收证券交易税。但公司股东或债权人将认股的股票或应募的公司债转让时，应依法征收。

（3）有价证券因继承或赠与而取得的，免征证券交易税。

（4）法院没收有价证券，免征证券交易税。但在出售时，应依法征收。

（5）有价证券持有人，以证券向银行抵押借款办理过户时，免征证券交易税。但当借款人事后以该项证券抵偿当时的作价，由放款银行依法代征证券交易税。

（四）税率与税额计算

1．税率

（1）公司发行的股票及表明股票权利的证书或凭证，按每次交易成交价格课征30‰。

（2）公司债及其他经政府核准的有价证券，按每次交易成交价格课征10‰。

2. 税额的计算

证券交易税税额计算的公式为：

应纳税额＝每次交易成交价格 × 税率

（五）征收管理

（1）证券交易税向出卖有价证券人征收，由代征人在每次买卖交割的当日，按税额税率代征，并于代征次日，填具缴款书向公库缴纳。

（2）代征人不依照证券交易税条例规定期限缴纳代征税款者，每逾1日加征2%滞纳金，其逾期30日以上，经稽征机关查获的，除予追缴及按日加征滞纳金外，并应移送法院强制执行。

（3）代征人不履行代征义务，或代征税额有短征、漏征情形者，除责令其赔缴并由该主管稽征机关补征外，另处以应代征未代征的应纳税额10倍以上30倍以下罚金。

（4）代征人不按证券交易税条例规定，向该管稽征机关填报证券成交清单，或所填报事项有虚伪不实的情况的，处以1 500元以上3 000元以下的怠报金。

（5）有价证券买卖人违反证券交易税条例规定，以诈欺或其他不正当行为逃避税负者，各处以应纳税额20倍的罚金。

三、期货交易税

（一）概念

期货交易税是对在台湾境内从事股价指数期货、股价指数期货选择权或股价选择权的交易行为征收的一种税。

（二）纳税人与代征人

1. 纳税人

期货交易税向买、卖双方交易人分别征收，因此期货交易税的纳税人为买、卖双方交易人。

2. 代征人

期货交易税虽向买、卖双方交易人征收，但由期货商代征。

（三）税率与税额计算

1. 税率

（1）股价指数期货契约：按每次交易的契约金额征收，税率最低不少于0.250‰，最高不得超过1.50‰。现行税率为0.50‰。

（2）股价指数期货选择契约或股价选择权契约：按每次交易的权利金金额课征，税率最低不少于1.250‰，最高不得超过7.50‰；现行税率尚未订定。

2. 税额的计算

期货交易税税额计算的公式为：

应纳税额＝交易的契约金额 × 税率

（四）期货交易税的征收管理

期货交易税由期货商于交易当日按规定税率代征，并于代征的次日，填具缴款书向公库缴纳。代征人应将每日期货交易的交易人姓名、地址、期货交易名称、数量、金额及代征的税额等，列具清单或录制媒体资料，于次月5日前向该主管稽征机关报告。

代征人依照法定程序及期限完成其代征义务者，该主管稽征机关按其代征税额给予10‰的奖金。但每一代征人每年代征奖金不得超过2 400万台币。

代征人逾规定的期限缴纳代征税款的，应予加征滞纳金 。代征人不履行代征义务，或其应代征的税额有短漏征情况的，除责令其赔缴，由该主管稽征机关补征外，另处所漏税额10倍以上30倍以下的罚金。代征人不按规定，向该主管稽征机关填报期货交易清单或媒体资料，或所填报事项有虚伪不实的情况的，处15 000台币以上30 000台币以下的怠报金。

四、娱乐税

（一）概念

娱乐税是指向出价娱乐的人征收的一种税。只要是有收取票价或收费的娱乐场所、娱乐设施、娱乐活动，不论其是经常性还是临时性的，都应按照规定征收娱乐税。

（二）纳税人

娱乐税的纳税人为出价娱乐的人。

娱乐税虽向出价娱乐的人征收，但由代征人在发售票券或收取价款时代征。代征人为娱乐场所、娱乐设施或娱乐活动的提供人或举办人。

（三）税收优惠

娱乐税法规定，符合下列情形之一的，免征娱乐税：

（1）教育、文化、公益、慈善机构、团体等符合民法总则或依其他相关法令向主管机关登记或立案的公益社团、财团组织，所举办的各种娱乐，其全部收入作为本事业用的。

（2）机关、团体、公私事业或学校及其他组织，对内举办的临时性文娱活动，不以任何方式收取费用的。

（3）以全部收入，减除必要开支（最高不得超过全部收入的20%）外，作为救灾的各种娱乐。

（四）税率和税额计算

1. 税率

对娱乐税的税率，娱乐税法只有最高税率的规定，直辖市及县（市）政府根据地方实际情况，在规定税率范围内，分别规定娱乐税征收率。其中下面第（2）、（3）娱乐项目在各县文化中心演出的，减半征收。最高税率的规定如下：

（1）电影，最高不得超过60%。本台湾语言片最高不得超过30%。

（2）戏剧、音乐演奏及非职业性歌唱、舞蹈等表演，最高不得超过5%。

（3）职业性歌唱、说书、舞蹈、马戏、魔术技艺表演及夜总会的各种表演，最高不得超过30%。

（4）各种竞技比赛，最高不得超过10%。

（5）舞厅或舞场，最高不得超过100%。

（6）撞球场，最高不得超过50%；保龄球馆，最高不得超过30%；高尔夫球场，最高不得超过20%；其他提供娱乐设施供人娱乐者，最高不得超过50%。

2. 税额的计算

娱乐税的税额是按所收票价或收费额，依规定的征收率计算的，其计算公式为：

（1）自动报缴代征税款时：

应纳税额 = 票价或收费额 × 征收率

（2）查定课征时：

应纳税额 = 查定金额 × 征收率

（五）征收管理

娱乐税为县（市）税及直辖市税，由各县（市）税捐稽征处以及直辖市的税捐稽征处征收，但在各县（市）另由乡镇县辖市公所协办。

娱乐税代征人每月代征的税款，应于次月 10 日前填写自动报缴书缴纳。经营方式特殊或营业规模较小由主管稽征机关查定征税的，由稽征机关填发缴款书，于送达后 10 日内缴纳。

临时举办的有价娱乐活动，主管稽征机关每 5 天核算代征税款一次，并填发缴款书，于送达后 10 日内缴纳。

代征人逾期缴纳代征税款，每逾 2 日按滞纳金额加征 1% 的滞纳金，逾 30 日仍未缴纳的，移送法院强制执行。

代征人不代征或短征、短报、匿报娱乐税的，除追缴税款外，按应纳税额处 5～10 倍的罚金，并令其停止营业。